나는 나답게 너는 너답게

나는 나답게

20세기, 우리에게 철학은 있었는가?

너는 너답게

박재순 지음

홍성사

일러두기

이 책은 2011년 4월부터 11월까지 총 10회에 걸쳐 제정구기념사업회 배달학당에서 강의한 내용을 묶은 것입니다.
일부 중복되는 내용이 있지만 현장감을 살리기 위해 그대로 놓아두었습니다.

　　이 책은 제정구기념사업회 배달학당에서 10회에 걸쳐 강의한 내용을 엮은 것이다. 박재천 상임이사와 이병권 간사가 녹음한 강의 내용을 풀고 정리했으며 내가 다시 다듬고 보완하였다. 이 강의를 귀 기울여 듣고 함께 생각을 나눈 10여 명의 벗들이 없었으면 이 책은 세상에 나올 수 없었을 것이다. 이 강의 마당을 열고 강의에 참여한 박재천 상임이사와 벗들의 우정에 감사한다. 독자들이 읽기 쉽게 이 책의 내용을 다듬고 틀을 새롭게 짠 김준표 님께도 고마운 마음을 전한다. 우리 사회와 삶 속에서 '나는 나답게 너는 너답게' 더불어 사는 서로 주체의 길을 열어 가는 데 이 책이 조금이라도 도움이 되면 좋겠다.

2012년 10월
삼각산 자락에서

박래군

2부

왜 씨올인가?

      스승은 밖에 없다. 스승은 내 안에 있다. 나뿐 아니라 1970
~80년대를 전후해서 온 겨레가 훌륭한 스승으로 생각했던 함석헌
선생님은 스승은 밖에 있는 것이 아니라 자기 안에 있는 것이라고
여러 차례 강조하셨다. 씨올이 스스로 싹트고 열매 맺듯이 사람도
스스로 깨달아 스스로 삶과 정신의 꽃을 피우고 열매를 맺는 존재
다. 삶의 진리는 스스로 깨닫고 스스로 배우는 것이다. 누가 주입해
서 가르쳐 주는 것이 아니다. 스승은 제 속에 있는 것이므로 스스
로 깨닫고 스스로 일어나야 한다.

      씨올사상의 원조는 안창호, 이승훈 선생이다. 나라가 망해 갈
때 안창호는 신민회를 조직하고 이승훈은 오산학교를 세워서 나라
의 토대이며 주체인 민民을 깨워 일으킴으로써 나라를 되찾고 바로

세우는 운동을 일으켰다. 한 마디로 교육입국教育立國 운동이다. 씨올 사상은 이런 운동에서 닦여 나왔다.

그러나 어찌 보면 지금 교육은 나라를 세우는 교육이 아니라 허무는 교육이다. 2011년 초, 제일 잘나간다는 카이스트 학생 네 명이 자살했다. 카이스트 최고 인물상을 받은 교수도 자살했다. 우리나라 교육에 근본적인 문제가 생긴 것이다. 교육입국 운동을 벌인 안창호, 이승훈 선생의 교육정신은 섬기는 교육이다. 이분들처럼 철저하게 섬기는 교육, 섬기는 정신, 섬기는 종교에 사무친 사람들이 없다. 섬기는 교육정신이 씨올사상의 정신이다. 지금 이런 정신이 없으니까 교육이 다 헛소리가 되고 말았다.

씨올사상은 완성된 이론체계라고 볼 수 없다. 유영모, 함석헌 선생이 씨올사상을 말씀하셨지만 이것을 체계화하거나 정립하지 않았다. 원칙과 틀, 방향과 성격을 제시해 주셨을 뿐이다. 씨올사상은 생명 철학이고 정신철학이지만 완성된 이론체계가 아니라 씨올의 삶과 실천 속에서 형성되고 완성되는 사상이다.

이런 점에서 씨올사상은 열려진 사상, 미완의 사상이다. 우리가 살면서, 만나서 대화하면서, 자기를 다듬어 가면서, 현장에서 실천해 가면서 씨올사상의 실마리가 잡히고 틀거리가 형성되고 완성돼 나갈 것이라 생각한다. 유영모 선생이 자기사상과 이론뿐만 아니라 모든 사상과 이론과 철학은 '미정고未定稿'라는 말씀을 자주 했다. '미정고'는 완성되지 않은 원고, 아직 못다 쓴 원고, 지금도 쓰고 있는 원고다. 지금의 모든 이론이나 철학은 쓰고 있는 과정에 있고 완성될 것이지 완전한 것이 아니라는 말이다. 우리 인생이 완성된 것이 아니라 완성을 향해 계속 나아가야 하는 것처럼 우리 사상과 철학도 결정되고 완성된 게 아니라 새로운 삶과 영(靈)의 역사 속에서 새롭게 생성되고 다듬어져야 할 것이다. 이 점에서 씨올사상은 늘 새로워져야 하는 생명 철학이고 영성철학이다.

씨알은 씨와 알이라는 말이다. 씨는 식물의 씨, 알은 동물의 알이다. 또 사람과 동물에게는 정자와 난자가 있다. 사람과 동물뿐 아니라 모든 씨앗 식물에도 정자와 난자가 있다. 꽃의 암술의 난세포와 수술의 정자가 결합돼서 씨앗과 열매가 나온다. 씨알은 매우 작지만 그 속에 전체 생명의 알짬을 담고 있다.

씨앗, 씨와 알이 왜 생겼을까? 생명을 후세에 전하고 널리 퍼트리기 위해서, 번식하고 증식하기 위해서 생겼다. 씨앗이 없으면 낱 생명체가 죽을 때 그 종 전체가 죽어 버린다. 생명을 연장하고 존속시키는 수단으로 씨와 알이 생겼다. 만약 나무에 씨와 알이 없다면 그 나무가 죽을 때 나무의 생명은 다 소멸되고 만다. 사람의 생명도 짐승의 생명도 씨와 알이 없어지면 곧 사라진다. 씨와 알은 작지만 그 안에 그 생명체 전체의 핵심 알짜배기가 다 압축돼 있다. 씨알맹이, 속알맹이를 담고 있다.

씨앗의 의미를 이해하려면 생명 진화의 역사를 살펴보아야 한다. 37억 년 전에 생명체가 처음 생겼다고 한다. 이 생명체를 고세균이라고도 하고 원핵생물이라고도 한다. 완벽한 세포가 아직 이루어지기 이전의 핵이 없는 단세포 원핵생물 시대를 세균시대라고 한다. 이때는 자기 몸을 그냥 분열시켜서 번식했다. 영양 상태가 어느 정도 좋아지면 둘이나 셋으로 쪼개져 자기 몸을 나눔으로써 개체 수가 늘어나고 생명이 연장되었다. 이것이 가장 원시적인 번식 방법이다. 그때부터 지금까지 끊임없이 동일한 세포, 동일한 세균이 갈라져서 내려온 거니까 이론적으로는 죽음을 경험하지 않은 세균이 있을 수 있다. 그때부터 20억 년 가까이 진화와 발전이 없었다. 자신의 몸을 쪼개서 다른 생명체를 만들어 내지만 몸은 똑같은 몸이다. 똑같은 몸을 나눈 것이고 같은 몸을 연장延長시킨 것이다. 그러므로 질적인 변화가 없었다. 아무리 몸을 쪼개고 나누어도 똑같은 일이 되풀이될 뿐, 새로운 생명 사건은 일어나지 않았다.

그렇다면 어떻게 진화가 이루어졌나. 원핵세포가 진핵세포로 됨으로써 본격적인 생명 진화의 역사가 일어나기 시작했다. 이 진핵세포 속에는 본래의 세포와 전혀 딴살림을 하는, 동물로 말하면 미토콘드리아, 식물로 말하면 엽록소가 생겼다. 미토콘드리아와 엽록소는 세포의 발전소 구실을 한다. 이것들이 있어서 에너지가 창출되고 힘이 나온다. 생물학자들에 따르면 엽록소와 미토콘드리아는 원래 다른 세포여서 유전자의 성격도 다르고 재생되는 방식도 다르다. 이 전혀 다른 생물체가 하나의 세포에 통합되어 공생하게 됨으로써 비로소 식물, 동물이 나왔고 진화의 세계가 활짝 열렸다.

그러면 진핵세포는 어떻게 생겨났을까? 세균 세계에는 혐기성 박테리아와 호기성 박테리아가 있다. 혐기성은 산소를 싫어하는 세균이다. 호기성은 산소를 좋아하는 세균이다. 산소는 본래 생명체에 치명적인 것이다. 활성산소는 생명체를 노화시킨다. 우리는 산소가 없으면 죽지만 최초의 생명체들에게는 산소가 독이었다. 산소를 싫어해서 수소만으로 생명체를 유지한 것이 원핵생물들이다. 그러다 햇볕이 들어오고 산소가 들어오니까 돌연변이가 생겨서 산소를 좋아하는 세균이 나왔다. 이것이 독과 같은 산소를 마시고 에너지를 만드니까 강력하고 활기 있는 세포들이 되었다. 이 세포들은 식욕이 왕성해서 혐기성 세균들을 잡아먹었다.

　　세균의 세계에 큰 위기가 생겼다. 이러한 큰 위기에서 놀라운 생명의 지혜가 나왔다. 혐기성 세균이 호기성 세균에게 처음에는 잡아먹혔다. 잡아먹히던 혐기성 세균들이 잡아먹으려 하는 호기성 세균을 끌어안아서 자기 몸을 열고 몸속으로 받아들였다. 엄청난 모험이 이루어진 것이다. 적과의 공생이 이루어짐으로써 호기성 세균이 혐기성 세균 안에 들어와서 미토콘드리아가 되고 엽록소가 된 것이다. 이렇게 생겨난 것이 진핵세포다. 강력한 적을 품었더니 적이 엔진 노릇을 해서 엄청난 진화를 이룬 것이다.

　　이런 것을 생각하면 인간들도 희망이 있을 것 같다. 겉으로 드러난 것만 보면 많은 인간들이 이익에 눈멀고 편견에 빠져 서로 싸우기만 한다. 한치 앞도 내다보지 못하고 저밖에 모르는 것처럼 느껴질 때가 있다. 그러나 인간의 생명은 적과의 공생에서 진화한 것이다. 인간 생명의 본바탕에는 상생과 평화로 가는 지혜와 힘이 있다. 그렇게 죽고 죽이는 위기상황 속에서 원시 생명은 자기를 열고 적을 받아들여 적과 공생하고 생명 진화의 길을 열었다. 그 생명 진화의 길을 걸어온 우리 사람의 생명에도 공존과 상생평화의 지혜와 힘이 내장되어 있다. 그러므로 사람도 희망이 있다.

생명 진화의 역사 처음에 적과의 공존과 상생이 일어났다는 것은 굉장히 중요한 사건이다. 서로 다른 존재가 만나는 일이 이렇게 중요하다. 똑같은 존재가 자기분열만 하면 변화가 없다. 그러나 자신과 전혀 다른 존재를 끌어안았을 때 새로운 생명 세계가 열렸다. 우리가 원수라고 생각되는 사람들을 미워만 할 게 아니다. 남을 미워하고 욕하는 것으로는 아무 문제도 해결되지 않는다. 그렇다고 불의하고 부당한 적에게 무릎 꿇고 자기를 내주면 나도 적도 함께 망한다. 위험한 모험이지만 적을 끌어안고 상생공존의 길로 갈 때 새 역사가 열린다. 예수, 유영모, 함석헌, 제정구가 다 이런 길을 알려 주고 그 길을 갔다.

진핵생물이 나온 후 생명은 더욱 진화하기 위해 새로운 번식방법을 찾아야 했다. 그 새로운 번식방법이 유성생식이다. 씨와 알이 그런 거다. 대체로 씨앗 식물과 동물은 유성생식을 한다. 유성생식이라 하면 남녀 간의 성관계를 떠올리기 쉽다. 남녀 관계도 따져 보면 남과 여라는 아주 다른 존재가 만나 새로운 생명을 만드는 관계다. 다르게 생긴 존재가 만나 하나가 됨으로써 새로운 생명을 낳는다. 생물학자들에 따르면 유성생식을 함으로써 생명세계는 다양하고 풍부해졌다. 유성생식이 엄청난 변화를 가져온 것이다. 유전자의 내용과 배열이 같은 것끼리 만나면 변화가 없다. 사람의 유전자를 전하는 염색체는 23쌍이며, 23쌍의 염색체는 사람마다 다른 내용의 유전자를 담고 있다. 남자와 여자는 22쌍의 염색체는 같고 한 쌍의 성 염색체가 X, Y로 다르다. 남자와 여자가 지닌 23쌍의 염색체 속에는 서로 다른 유전 내용이 들어 있다. 남녀의 서로 다른 유전자들이 만나서 거의 무한한 조합을 이룬다. 한 남자와 한 여자가 만나 무한히 다양한 생명체가 생성될 수 있다. 형제자매, 심지어는 쌍둥이도 다 다르다. 유성생식은 생을 풍부하고 다양하게 하고 새롭게 돌연변이를 만들어 내는 획기적인 생식 방법이다.

죽음을 통해 나를 초월한다

사람을 비롯해 모든 생명체는 서로 다르다. 중요한 것은 서로 다른 존재의 만남이다. 이것이 진정한 자기초월이다. 나와 다른 존재를 만나서 하나가 되는 것이 자기초월이고 구원이다. 이것이 생명의 가장 간절한 염원이고 목적이고 바람이다. 종교와 철학이 추구하는 근본적인 목적이고 사명이다. 우리는 언제 가장 보람을 느끼는가?

언제 가장 기뻐하는가? 서로 다른 사람과 마음이 통했을 때, 사람은 보람과 기쁨을 느낀다. 서로 통할 때 자기로부터 벗어나서, 자기를 초월해서 다른 사람과 하나가 된다.

씨와 알, 정자와 난자도 자기를 초월해서 남과 통하고 하나가 되는 것이다. 씨앗을 통한 번식 방법은 내 몸을 늘리고 잘라서 새 생명체를 만드는 것이 아니라 내 몸에서 엑기스를, 알짬을 뽑아 작은 정자와 난자 속에 집어넣은 후 내 존재의 바깥에서 번식이 이루어지게 하는 것이다. 씨앗은 자기 몸과 자기존재를 초월하여, 자기를 뛰어넘어 생명을 후세에 전한다. 내 몸을 쪼개거나 늘려서 번식하면 자기가 죽는다는 생각을 할 필요가 없다. 그러나 씨앗의 번식방법은 개체가 죽는다는 것을 전제한다. 개체의 죽음을 전제로 씨와 알에다 내 생명의 알짬을, 생명의 모든 요소를 압축적으로 집어넣은 후 내 바깥에서 그 씨와 알이 새 생명을 낳는다. 죽음을 받아들이고 넘어서는 것이 초월이다. 내 몸은 죽어도 내 속의 생명은 살리기 위해서 씨가 생기고 알이 나온 거다. 원시단계에서 세균들이 자기 몸을 분열시켜 번식할 때는 몸 생명의 연장과 영속을 생각할 뿐, 개체 몸 생명의 죽음을 전제하거나 각오할 필요가 없다. 세균들도 환경에 따라 죽기도 했지만, 번식할 때는 죽음을 생각할 필요가 없었다. 씨와 알은, 개체는 죽어도 그 생명의 성격과 본성은 살아 있게 만드는 것이다. 생명이 제 몸에 머물 때는 진화가 없었다. 자기 몸 생명을 뛰어넘어 새 생명을 낳을 때 비로소 놀라운 생명의 진화가 이루어졌다.

씨와 알은 개체의 죽음을 전제하거나 개체의 죽음을 통해서 내 생명을, 참된 생명을 전한다. 죽음을 각오했을 때, 죽음을 감수했을 때 비로소 생명의 깊은 세계가 열린다. 이게 신비다. 죽음 없이 생명이 번식되면 편하고 괴로움이 없을 텐데 어찌하여 생명 진화 과정에 개체의 죽음을 끌어들였는가. 개체로 보면 너무나 야속하다. 생명 진화 과정에서는 개체생명의 연장이 중요하지 않다. 중요한 것은 생명이 깊어지고 높아지고 다양해지고 풍성해지는 거다. 생명이 깊어질수록 육체에서 정신, 얼, 신적 생명으로 높아 간다.

　　생명이 낮은 단계에서 높은 단계로 올라가는, 육체적인 생명에서 영적인 생명으로 고양되는 것이 생명 진화의 가장 중요한 목적이고 가치다. 단순히 육체적인 생명이 존속되는 것은 생명에서 중요한 가치가 아니다. 개체생명을 희생하더라도 전체생명을 살리자. 그리고 그 생명은 영적생명, 신령한 생명까지 가자. 이것이 영원히 사는 길이고 영원한 생명을 얻는 길이다. 이것이 신의 섭리이고 생명 자체가 선택한 생명 진화의 방향이 아니겠는가.

　　씨앗이 깨지고 죽으면 생명이 피어나게 되어 있다. 씨앗 자체가 죽어야 되고 깨져야 한다. 씨알 하나하나가 깨지고 죽어서 심오하고 깊은 생명으로 태어나는 것이 생명의 진리이고 가르침이다. 생명 진화의 역사가 생명의 진리, 생명의 가르침을 보여 준다. 동서고금의 성현들은 한결같이 '죽어야 산다', '죽음을 통해 참 생명에 이른다'라고 가르쳤다. 생명 진화의 역사에서 포유류와 꽃피는 식물의 관계도 이런 진리를 보여 준다.

2, 3억 년 전 파충류 시대에는 공룡의 몸길이가 50～60센티미터밖에 안 되었다 한다. 귀여운 고양이만 한 크기였다. 이때는 겉씨식물이 가득하던 시대였고 속씨식물인 꽃 피는 식물은 적었다고 한다. 겉씨식물인 침엽수가 울창했는데 공룡이 침엽수를 뜯어먹다 보니 식탐이 나서 계속 먹었다. 그러니까 공룡 몸길이가 50～60미터로 커졌고, 너무 많이 먹어 침엽수는 파괴되었다. 공룡은 숲 파괴자가 되었다. 숲이 파괴되자 공룡도 멸종하게 되었다. 공룡과 숲 사이에 아무런 공생관계가 없었다. 파괴관계만 있었다.

공룡이 왜 멸망했느냐. 고생물학자들 사이에 여러 가지 설이 있다. 큰 운석이 지구와 충돌해서 공룡이 멸종했다고 하기도 한다. 그러나 운석이 지구와 충돌하기 전에 이미 공룡은 멸종의 길로 들어섰다고 하는 학자들도 있다. 겉씨식물의 숲이 파괴되어 먹을 것은 없어졌는데 몸은 비대하고 머리는 작고 사나워져서 스스로 멸종의 길로 들어섰다는 것이다.

이런 생명의 위기 상황에서 현화식물이라는 속씨식물이 번성하게 되었다. 꽃이 피는 속씨식물은 꽃 속에 꿀을 지니며, 맛있고 영양이 풍부한 열매를 맺는다. 그리고 예쁜 꽃으로 포유류와 곤충들을 끌어들여서 달콤한 꿀과 달고 맛있는 열매를 주고 대신 제 씨앗을 널리 퍼트리게 했다. 그래서 지구는 꽃 피는 식물과 포유류, 곤충의 세상이 되고 이들이 생명 진화의 중심과 선봉에 서게 되었다.

이것이 꽃 피는 식물들의 지혜다.

　꽃 피는 식물들이 상생평화의 길을 열었다. 자기 몸과 자기가 가지고 있는 가장 좋은 것을 먼저 내어 주었다. 아름답고 향기로운 꽃으로 초대하고, 달콤한 꿀과 열매를 먼저 줬다. 기계는 먼저 받고 결과를 내어 주지만, 생명은 먼저 주고 다음에 받는다. 먼저 주는 것이 생명의 원리다. 포유류들이 열매를 먹고 그 씨앗을 천지사방에 뿌려 줘서 꽃 피는 식물들이 지구를 뒤덮게 되었다. 지금은 겉씨식물보다 속씨식물이 더 발달되어 있고, 포유류가 지구 생명세계의 중심에 서게 되었다. 꽃 피는 식물들이 보여 준 지혜는 무엇인가. 꽃과 열매를 통해서 자신도 살고 남도 살리는 상생의 길을 연 것이다.

　상생평화의 정신이 생명 진화의 중요한 원리가 되고 그 성격을 이룬다. 생명은 상생평화의 길로 발전해 온 것이다. 생명세계에는 먹고 먹히는 생존투쟁이 있고, 아직도 사나운 이빨과 발톱으로 물어뜯고 죽이기도 하지만, 생명 진화의 기본 방향은 상생평화로 향하고 있다. 꽃이 얼마나 아름답고 평화로운가! 새끼를 배어 제 몸의 살과 피를 나누고 젖을 먹여 기르는 포유류의 모성애는 얼마나 갸륵하고 정성스러운가! 파충류에서 포유류로 진화한 것은 사나운 힘이 사랑으로, 서로 파괴하는 관계에서 서로 살리는 관계로 진화한 것이다. 꽃 피는 식물들의 아름다운 꽃과 달콤한 열매는 상생평화 세계로 초대하는 조물주의 부름이다. 생명 자체가 우리를 상생평화 세계로 부르는 것이다. 꽃과 씨와 열매는 예사로운 것이 아니다. 꽃과 씨와 열매는 상생평화 세계로의 부름이다.

사랑은 딱딱하고 쓴 씨앗 같은 것

　　함석헌 선생은 씨올사상을 복숭아에 비유했다. 복숭아는 껍질과 속살과 씨로 이루어져 있다. 복숭아 껍질은 빨갛고 예쁘다. 이것이 사람을 끈다. 그러나 복숭아는 껍질이 목적이 아니다. 껍질은 아낌없이 벗겨 버리는 거다. 껍질을 벗기면 복숭아의 살이 있다. 살은 달콤하지만 아낌없이 주자는 거다. 아깝다고 끌어안고만 있으면 다 썩어 버린다. 복숭아 살도 복숭아의 목적이 아니다. 살을 먹고 나면 씨가 있다. 복숭아의 목적은 오로지 씨에 있다.

　　생명의 씨올인 사람도 복숭아에 비유할 수 있다. 사람에게도 껍질이 있다. 얼굴 생김새, 몸매, 재능, 솜씨, 사회적 지위, 돈과 명예가 다 껍질이다. 요새는 이것을 알맹이로 생각하는데 이런 껍질은 사람의 목적이 아니다. 이런 것이 참 생명, 영원한 생명을 주지 못하고 사람 사이의 관계를 지속시키지도 못한다.

　　사람에게 살은 무엇인가. 마음이고 인정이다. 사람의 사회적 껍데기를 벗기고 나면 인생의 속살인 마음이 나온다. 그러나 마음과 인정도 사람의 목적은 아니다. 따사로운 마음이 있어도 품고만 있으면 다 썩어 버린다. 마음과 인정은 주자는 거다. 주어야 마음이고 주어야 인정이다. 복숭아나 사람의 껍데기가 처음에는 사람을 끄는 힘이 있다. 외모와 돈과 지위가 친구와 애인을 끌어당길 수는 있지만 그것으로 친구 관계, 사랑 관계가 지속되지는 않는다. 우정과 사랑이 존속하려면 속살인 마음을 줘야 한다. 마음을 주고받지 않은 친구는 친구가 아닌 거다. 다른 것은 다 주고도 마음을 안 준다면 그것은 친구가 아니고 애인이 아니고 가족이 아니다.

살이 중요하고 마음이 중요하지만 그것이 인생의 목적은 아니다. 복숭아나 사람의 목적이 살에 있지 않은 것이다. 복숭아가 살은 아낌없이 주지만 씨앗은 남기려 한다. 씨앗은 딱딱하고 쓰다. 못 먹는다. 그러나 복숭아가 영원한 생명으로 이어지는 알맹이가 씨에 있다. 그것이 목적이다. 이 씨앗을 유지하고 전파하기 위해서 복숭아가 있는 거다. 복숭아씨를 도인桃仁이라고 한다. 복숭아 도桃에 어질 인仁자를 쓴다. 왜 그런가. 씨앗을 인이라고 표현했는데 이 인이라는 말이 참으로 맞는 말이다. 인仁은 사랑, 자비, 덕이라고 해도 된다. 그런데 사람의 씨가 뭐냐. 사람 생명의 씨가 뭐냐. 인仁, 사랑이다. 사랑만 있으면 생명은 영원할 수 있다.

사람의 씨알맹이인 인이나 사랑은 달콤한 유행가에 나오는 사랑이 아니라 예수의 십자가에서 보여 준 딱딱하고 쓴 사랑이다. 전태일, 제정구가 온몸을 불살라서 보여 준 그런 사랑이다. 참 사랑은 딱딱하고 쓰다. 그러나 그 속에 사랑이 있다. 그것이 영원한 거다. 우리 몸이 껍질이 되고 마음이 속살이 되어 생명의 속 씨알맹이인 이 사랑을 품고 있는 거다. 이것을 남기면 인생의 목적과 보람이 있는 거고 이것이 없으면 허탕 친 거다. 종교와 철학이 말하려는 것이 이것이라고 생각한다. 나라는 존재가 영생한다는 것은 내 속에 있는 씨알맹이 사랑이, 속 생명이 영생하는 것이다. 살이나 뼈다귀나 몸뚱이는 그대로 썩어 죽는 거다.

씨올사상은 사람을 씨올이라고 한다. 여기에는 세 가지 차원과 의미가 있다. 첫째, 수십 억 년 동안 이어 온 생명 진화의 씨알맹이가 사람이라는 거다. 사람은 자연 생명의 씨올이다. 생명 진화의 끄트머리에서 사람이 나왔으니까 사람의 나이는 우주의 나이와 같은 거다. 사람마다 몸속에 우주진화, 생명 진화의 엑기스가 들어 있다. 알짬이 들어 있다. 37억 년 생명 진화의 역사가 내 몸의 유전자, RNA, DNA 속에, 뇌신경세포와 감각기관과 내장기관들 속에 압축되어 있다. 내 몸은 수십억 년 생명 진화 끝에 열린 열매다. 내가 생명 진화의 꽃이고 열매이고 씨알이다. 생명 진화의 중심과 끝이 내 속에 있다. 내가 살면 수십억 년의 생명 진화 역사가 보람이 있는 거고, 내가 망가지면 그 역사가 망가져 버리는 거다.

둘째, 사람은 역사와 사회의 씨알이다. 함석헌 선생은 5천 년 민족사가 내 속에 있다고 했다. 5천 년 민족사의 문화·경제, 사회·역사가 역사 속에 이어 와서 내 속에 들어 있다는 거다. 사람인 나는 5천 년 역사 속에 피어난 꽃이고 열매이고 씨앗이다. 내가 곪아지고 썩어지면 5천 년 민족사가 내게서 끝나는 거고 이걸 살려 내면 5천 년 민족사는 살아나는 거다. 함 선생은 민족사뿐 아니라 직립인간 2백만 년 인류 역사가 사람의 마음에 새겨져 있다고 한다. 심리학자들에 따르면 사람의 마음속에는 인류의 집단적 경험이 내장되어 있다. 사람의 마음은 인류 역사의 씨올이다. 사람은 역사의 주체이고 씨올이다. 나는 역사의 씨올로서 역사의 생명을 후대로 실어 나를 책임과 의무가 있다.

셋째, 사람은 신적 생명의 불씨인 얼과 혼을 가진 존재다. 유영모 선생은 신적 생명을 제일 강조했다. 신적 생명의 불씨, 영원한 생명의 씨알맹이가 내 속에 있다는 거다. 내가 씨알이라고 할 때는 자연 생명의 차원, 역사의 차원, 영적인 차원, 이 세 차원이 함께 내 속에 있다는 거다.

사람에게는 몸과 맘과 얼이 있다. 몸은 자연 생명을 나타낸다. 마음은 인간지성과 인간지성이 이끌어가는 사회와 역사를 나타낸다. 얼은 신령한 차원을 나타낸다. 얼은 하나님과 만나고 관계하는 거다. 씨올로서 사람은 몸과 맘과 얼, 자연과 역사와 신령의 세 차원을 아우르는 존재다.

씨앗은 땅 속에서 깨지고 죽어서 싹이 튼다. 씨알의 생명활동은 하늘의 햇빛과 바람을 받고 땅의 흙과 물을 길어 올려서 합작시키는 거다. 하늘의 햇빛과 바람과 땅 속의 흙과 물을 하나로 어우러지게 해서 창조적인 생명세계를 펼치는 거다. 하늘과 땅과 생명을 하나로 어우러지게 해서 새로운 생명세계를 펼쳐 가는 거다.

사람도 씨알처럼 땅의 물질세계와 하늘의 영적인 세계를 합작시켜서 우리 삶 속에서 창조적 합일을 이루어 가는 거다. 하늘과 땅과 사람을 하나로 되게 하는 것이다. 다시 말해 사람은 천지인 합일을 이루며, 새로운 생명세계를 펼쳐 가는 존재다. 몸과 마음과 얼이 하나로 되고, 하늘과 땅과 사람이 하나로 되어야 한다. 이것이 사람의 사명과 목적이다.

씨알사상의 기본원칙은 깨지고 죽어야 한다는 것이다. 《예수는 없다》를 쓴 비교종교학자 오강남 교수에 따르면 모든 고등종교는 표층종교와 심층종교로 나눌 수 있다. 표층종교는 자기 몸을 위해서 종교생활을 하는 기복종교다. 내 몸이 잘되고 내 자식과 집안이 잘되는 것을 추구하는 데 매달린다.

심층종교는 내가 죽고 다시 태어나는 거다. 내가 죽고 새로 나는 종교, 몸으로 죽고 얼로 다시 태어나는 종교, 거듭나는 깨달음의 종교다. 죽고 다시 살아나는 것이 심층종교의 근본성격이다. 깨져서 죽지 않고, 이대로 나를 유지시키면서 모든 일이 잘되기를 원하는 것은 어리석은 욕심이다. 그것은 원시 생명세계에서 고세균이 제 몸을 쪼개고 늘림으로써 번식하는 것과 같다. 전체 생명을 살리기 위해서 깨질 줄 알아야 한다. 서로 화합하여 참 생명이 되기 위해서는 깨질 줄 알아야 한다. 무슨 일을 이루기 위해서는 나를 버릴 줄 알아야 된다. 그렇지 않고서는 서로 다른 사람이 만나서 화해와 협력의 관계를 이룰 수 없다.

씨알은 꽃으로 남으려고 해서는 안 된다. 열매를 맺고 씨가 되기 위해서 꽃은 피었다가 지는 거다. 처음부터 끝까지 꽃 노릇만 하겠다는 것은 씨알정신이 아니다. 높은 지위를 차지해서, 유명한 인간이 되고, 박수만 받겠다는 것은 영원히 꽃이 되고자 하는 허망한 욕심이다. 열매와 씨를 맺기 위해 꽃은 잠시 피었다 지는 거다. 정말 살길은 씨알 구실을 하는 데 있다. 씨알은 가지 끝에 달렸다가 보아 주는 사람이 없어도 이내 떨어져 땅 속으로 들어간다. 남에게 자랑하지 않는다. 그러나 자랑하지 않음으로써 영원무궁한 생명을 세상에 펼치는 거다. 예수는 꽃 노릇 하려는 것을 철저히 포기한 사람이다.

꽃 노릇 하려고 앙탈을 부리고 못되게 군 사람들은 당시는 부귀영화를 누렸을지 모르지만 역사와 함께 다 쓸려 가버렸다. 그 시대에 꽃 노릇 하려고 예쁜 척하고 잘난 척하고 남한테 못된 짓을 하던 인간들은 잠깐 피었다가 시드는 꽃처럼 다 역사의 쓰레기가 되고 말았다. 이렇게 모든 꽃들은 잠시 피었다 지지만 씨알맹이는 영원히 남는다.

씨앗의 사명은 열매를 맺고 열매가 되자는 거다. 열매가 되거나 열매를 맺지 않고, 남이 땀 흘려 이룩한 열매를 따 먹으려는 인간들이 많은 사회는 반드시 멸망한다. 그러나 땀 흘려 일해서 열매를 맺고 열매가 되려는 사람이 많은 사회는 더욱 풍성해진다. 하나님이 에덴동산 중앙에 생명나무와 선악을 알게 하는 나무를 세워놓고 다른 나무의 열매는 다 따 먹어도 좋은데 선악을 알게 하는 나무의 열매는 절대로 따 먹으면 안 된다, 그걸 따 먹으면 "반드시 죽는다" 했다. 왜 하나님이 이렇게 준엄한 얘기를 했나. 씨올사상에 비추어 보면 선악과 이야기를 이해할 수 있다. 선악과는 선악을 분별하는 지혜를 주는 열매다. 선악 판단의 기준은 생명 자체 또는 생명의 주인인 하나님 자신이다. 정의의 근원인 하나님만이, 생명 자체만이 선악 판단의 기준이 되어야 한다. 그래서 선악과나무를 하나님의 생명동산인 에덴 중앙에 놔둔 거다. 선악과를 따 먹었다는 것은 선악 판단의 기준을 이기적으로 사유화하고 독점한 것이다.

선악을 가장 공정하게 판단하고 분별해야 될 판사, 검사가 자기 이해와 이익을 위해서 선악 판단의 결과를 구부려 가지고 거기서 나온 이익의 열매를 자기가 따 먹는다면 세상이 어떻게 되겠는가? 선악 판단의 기준은 공적인 것이다. 절대로 선악 판단에서 자기 이익을 추구해서는 안 된다. 선악의 기준을 사유화한 결과 나에게 이로우면 선이 되고 내게 해로우면 악이 되었다. 이런 사람들은 남이 맺은 열매를 따 먹으려고만 하고 스스로 열매를 맺거나 열매가 되려는 생각은 하지 않는다. 씨알정신은 내가 땀 흘려 일해서 생명의 열매를 맺고 내가 영혼의 열매가 됨으로써 생명을 풍성하게 하는 거다.

1부

1장

한국 근현대사가 낳은 주체적 사상
씨올사상의 생성

    씨올사상은 한국 근현대사에서 생겨났다. 한국 근현대사는 동서 문명의 만남과 민주화 과정으로 전개되었다. 동서 정신문명이 합류하는 과정에서 민중의 주체적인 자각이 이루어졌다. 동서 문명의 만남과 민주화(민중의 자각)는 아무 상관이 없는 것처럼 보인다. 실제로 제3세계에서 서양 문명의 유입과 근대화는 흔히 반민족적인 엘리트의 지배로 이어졌다. 놀랍게도 한국에서는 동서 문명이 합류하면서 민족 독립운동과 민중의 자각이 이루어졌다.

    우리는 오랜 세월 중국을 중심으로 한 동아시아의 정치, 문화, 경제 질서 속에 편입되어 살았다. 통일신라 이후 특히 조선 왕조에서 우리나라 사람들은 학문이든, 일상생활이든 공자, 맹자, 요임금, 순임금, 우임금 얘기를 하며 살았다. 유교 경전과 도교 경전을 읽는 것이 학자들의 학문 활동이었다. 민족에 대한 생각이 거의 없었다. 그러다가 서양 세력이 동양으로 침입해 들어왔다. 영국과 프랑스 군대가 밀려들어 와서 중국이 꼼짝 못하고 굴복하였다. 청나라가 큰 위기에 빠졌다. 이 과정에서 서양의 종교와 과학기술을 접했다. 서양에서는 벌써 기선이 나오고 성능이 좋은 무기가 나오고 하늘의 별이 돌아가는 시간과 거리를 계산해 냈다. 이것을 알고 동양의 지식인들은 깜짝 놀랐다. 중국 중심의 세계관이 근본적으로 흔들린 것이다.

서양의 천문학, 물리학, 화학, 해부학, 기계 기술 같은 것을 보고 눈이 번쩍 뜨였고, 중국이 힘이 없다는 것을 알게 되었다. 그래서 우리나라에서 나온 것이 실학이다. 중국 중심의 세계관에서 벗어난 학자들이 우리 민족의 문화, 역사, 언어, 지리, 정치, 경제에 관심을 가지고 주목하고 연구하기 시작한 거다. 그전에는 우리나라 지도를 만들 생각이 없었고 단군을 얘기하는 사람이 드물었다. 실학자들이 우리 역사, 문화, 지리를 탐구하고 우리 민족이 어떤 민족인가 생각하게 된 거다. 민족의 자각이 이루어진 것이다.

그렇지만 실학은 과도기적 사상이다. 우리 근현대사가 동서 문명의 만남이면서 민중의 주체적인 자각(민주화)이라고 했는데 이 두 기준에서 실학을 평가한다면 실학은 과도기적 사상일 수밖에 없다. 실학을 집대성한 정약용은 주희가 정립한 성리학을 비판하고 공자, 맹자의 선진 유학을 존중하면서 공자, 맹자 사상과 서양의 서학과 과학기술을 합류시키려고 했다. 정약용은 성리학뿐 아니라 불교와 도교를 비판했다. 그는 동서 정신문화의 본격적인 합류에 이르지는 못했다. 기독교와 과학 사상, 유교·불교·도교의 회통에 이르지 못한 것이다. 그의 사상과 정신에서 동서 문명의 만남은 매우 초보적인 단계에 머물렀다.

민중의 주체적인 자각이라는 측면에서 보더라도 다산은 민주 정신과 원리를 확립하지는 못했다. 다산이 민중을 사랑하고 존중한 위대한 사상가이고 인격자이지만 민중 주체와 민주의 원리를 분명히 제시하지는 못했다. 민중이 역사와 정치의 주체라고 확인하고 선언한 사람은 아니라는 얘기다. 그는 민중의 역사 변혁운동에도 참여하지 못했다. 이런 점에서 실학은 과도기적이다. 그러다가 조선왕조가 망하면서 실학도 역사의 무대에서 사라졌다.

실학자 박지원의 손자 박규수는 임금을 가르친 유명한 학자였다. 그가 북경에 사절로 가서 보니까 청나라가 망할 것 같고 우리나라를 보니까 더 절박하고 곧 망할 것 같아 위기의식을 느꼈다. 그래서 김옥균, 박영효, 서광범, 서재필 형제 같은 젊은이를 불러 모아 개화당을 형성했다. 중인 출신 역관 오경석과 의원 유홍기를 앞세워 이들에게 개혁 공부를 시켰다. 서구 선진 문물을 받아들여 근본적으로 나라를 바꾸지 못하면 우리나라가 살 수 없다고 생각해서 젊은이들을 준비시킨 거다. 개화사상을 익힌 20, 30대 젊은이들이 정부 요직에 들어가 1884년에 쿠데타를 일으켰다. 이것이 갑신정변이다. 당시 일본은 한반도를 삼키려는 야심을 키우고 있었는데 이들은 순진하게도 일본 세력과 군대가 자기들의 개혁을 지원해 줄 거라고 믿었다. 결국 3일 천하로 쫓겨나 처형당하거나 망명했다. 갑신정변은 민중과 전혀 관계없이 일어난 거다. 이들에게는 문화적인 주체성은 없고, 서양의 문화만 받아들이자는 일념만 있었다. 민중의 동의나 협력을 구한 것도 아니었다. 그래서 엘리트 지식인들의 조급한 개혁운동으로 끝났다.

동학은 민중적인 종교운동으로 시작했다. 중국이 무너져 가고 조선왕조가 몰락하는 것을 보면서 수운 최제우가 동학운동을 일으켰다. 민중 주체의 사상을 토대로 한 동학은 천주교와 서양 문물의 영향을 깊이 받아들였다. 동학에서 하나님을 천주(天主)라고 한 것은 천주교의 영향을 나타낸다. 동학은 서구 문명의 침입에 대한 주체적이고 창조적인 응답이었다. 서학에 맞서기 위해 동학이라고 했다. 천주교와 서양의 학문과 문화를 긍정적으로 받아들이면서도 동학은 서양 문명과 외세의 침입에 대해 민족 주체적이고 저항적인 종교·문화적 대응이었다.

동학에는 유교, 불교, 도교의 정신과 천주교의 기본 생각이 들어 있다. 수운은 서학이나 동학이나 도는 같고 설명하는 이치가 다르다고 했다. 수운 최제우가 창도하고 해월 최시형이 발전시킨 동학을 바탕으로 전봉준이 동학농민혁명을 일으켰다. 김옥균의 개화당이 갑신정변을 일으킨 지 꼭 10년 후 갑오농민전쟁이 일어난 것이다. 동학농민혁명은 실학이나 갑신정변과 다르게 민중적인 차원에서 민중에 기반을 두고 일어난 거다. 그러나 이 혁명의 약점은 과학적인 합리성의 부족에 있었다. 죽창을 들고 나온 다수의 동학 농민군은 총과 대포로 무장한 일본군과 정부군에게 궤멸당하고 말았다. 수운과 해월이 주문과 부적을 강조한 것은 비합리적이고 비과학적이다. 부적을 차고 주문을 외우면 죽지 않는다고 하면 총알 앞에서 용기는 나지만 실제로 총을 맞으면 죽는다.

정의와 생명과 평화를 위해 몸과 맘이 하나로 되어 자발적 헌신성을 기초로 민중이 일으킨 갑오농민전쟁은 민중혁명운동이었다. 여러 가지 아쉬움이 남지만 동학농민혁명의 뜻과 과정은 숭고하고 아름답다. 광주민주항쟁 때도 그랬지만 동학농민혁명이 일어나 해방구가 된 곳에 아름다운 공동체 세상이 펼쳐졌다. 민중이 일어나서 세상을 뒤집어 놓으면 큰 혼란이 일어나고 지옥같이 될 줄 알지만 전혀 그렇지 않았다. 사람다운 세상, 살맛나는 세상이 된다.

그러나 이것만으로는 혁명이 성공할 수 없다. 서양의 영향을 받았다고 하지만 일본에 대한 적개심이 높았고 반외세적인 성격이 강했다. 비판적인 역사의식보다 방어적인 민족 감정이 앞섰던 것 같다. 민주 정신과 합리적 비판 정신이 뚜렷해야 혁명의 과정과 방향이 정해진다. 동학은 정권을 잡으면 어떻게 하겠다는 구체적인 구상이 없었고, 합리적이고 이성적인 생각이 결여되었다. 민주의식과 민주적인 비전도 부족했다. 분명한 비전과 구상이 있었다면, 주춤주

춤하지 말고 왕조 질서를 뒤엎고 새 질서를 열었어야 했다. 결국 시간을 놓치고 기회를 잃으니까 많은 사람이 죽고 혁명은 실패로 끝나고 말았다.

깨닫되 아주 끝까지 깨달은 사람

개화파의 막내가 서재필이다. 그는 일본으로 망명했다가 미국으로 갔다. 미국 여인과 결혼하고 의사가 된 그는 고국에 돌아와 개화파 정부의 지원으로 독립신문과 독립협회(1896)를 만들었다. 한글 신문인 독립신문으로 민중을 깨우쳐 나라를 바로 세우고 힘 있게 하려고 했다. 민중을 외면하고 지식인 몇몇이 자기들끼리 갑신정변을 일으켰다가 실패했던 것을 반성하고 민을 깨우는 일에 집중한 것이다. 서재필은 미국인들의 시민의식이 높고 생활수준이 높은 것을 보고 우리 국민의 계몽과 자각이 필요하다고 생각했던 것 같다.

민족의 주체성 확립과 국가의 자주가 절실하게 요청되었던 시절, 보수파는 중국에 의지해서 나라를 지켜보려고 안간힘을 쓰고 있었다. 이에 대해 개화파는 중국으로부터 자주 독립하고 서구 문물을 받아들여 튼실한 나라를 세우려 했다. 독립문을 세운 의미는, 중국에 더 이상 머리를 숙일 필요가 없고, 우리가 독립자존의 국가를 세워야 함을 내외에 알린 것이다. 그리고 관민합동대회를 열었다. 높은 고위 관리들과 양반들, 평민들은 물론 백정들을 비롯한 천민들까지 끌어들여 국민대회를 연 것이다. 이것이 만민공동회다.

우리 역사에서 실학이 있었고, 개화파가 있었고, 동학이 있었고 그다음에 독립협회와 만민공동회가 나왔다는 것은 큰 의미가 있다. 민民이 주체로 일어나야 한다는 자각이 이루어졌고 민이 역사의 앞장을 서게 된 것이다. 새로운 나라에 대한 과학적이고 현대적인 미래상을 가지고 민을 깨워 주체로 일어나게 했다는 점에서 만민공동회는 새로운 운동이고 사건이었다.

안창호는 열일곱 살 때 선교사가 운영하는 학교에서 기독교 교육과 서구 문물을 접하게 되었다. 스무 살 때 안창호는 독립협회에 가입하고 평양을 중심으로 독립협회 관서지부 창립을 주도했다. 그는 평양 대동강 쾌재정에서 수천 명의 관리와 양반, 평민, 일반 백성이 모인 만민공동회를 연다. 여기서 스무 살 안창호 선생이 역사에 길이 남을 연설을 했다. 지금도 그 연설을 사람들이 외고 다닐 정도로 유명한 연설이다. 얼마나 열렬하고 절실한 감동적인 연설을 했는지 만민공동회로 모인 사람들이 한마음이 되었다. 안창호의 마음과 청중의 마음이 하나로 녹아들었다. 민중과 하나 되는 체험이 이루어진 것이다. 역사를 변혁시키려는 운동에서 민중 체험보다 중요한 것은 없다. 지식인 엘리트에 속한 안창호라는 사람이 젊은 나이에 민족 전체, 국민 전체, 민중 전체를 대표해서 모인 사람들과 하나 되는 체험을 하였다. 이 시기에는 민족과 민중이 거의 같은 말로 쓰였다.

2천만 민족은 2천만 민중과 같은 말이었다. 민중이 하나로 되는 체험, 민중과 하나로 되는 체험이 역사를 움직이고 나라를 새롭게 하는 데 가장 중요하다.

　　안창호는 민중과 하나 되는 체험을 한 거다. 나이 스물이면 감수성이 예민할 때다. 인생의 틀을 만들 때다. 20대 초반에 마음에 심어진 것은 평생을 간다. 지금 안창호 선생을 이렇게 저렇게 비판하는 사람들이 있지만, 민족(민중)과 하나 되는 체험을 해서 민족의 마음과 처지를 자기 마음과 처지로 알고 죽을 때까지 처음처럼 살았다는 것은 부정할 수 없다. 구경각究竟覺을 얘기하는 사람이 있다. 구경각은 어설프게 깨닫는 게 아니라 아주 끝까지 깨달은 것이다. 더 이상 나아갈 수 없는 마지막 깨달음이다. 그게 뭘까? 구경각은 자기 마음과 처지를 넘어서서 남의 마음을 내 마음으로 여기는 경지가 아닐까?

　　함석헌 선생은 '예수'를 가리켜 '너를 나'라고 한 사람이라 했다. '네가 나다.' 이거야말로 해방이고 구원이고 깨달음이다. 너와 내가 하나 되는 거다. 민중과 한마음이 되었다는 것은 편견과 욕심의 벽을 깨고, 이기적 삶의 울타리를 허물고 자아의 좁은 감옥에서 벗어났다는 증표다. 다른 사람의 마음을 내 마음으로, 내 마음을 다른 사람의 마음으로 삼을 수 있는 것이 궁극적인 깨달음이다.

　　수운이 오랜 세월 도를 추구해서 1860년에 깨달았다. 이 깨달음의 시점이 동학의 기원이 되는 시점이다. 갑자기 수운의 몸이

떨리더니 하나님이 나타나서 계시를 줬다. 하나님이 수운에게 '오심吾心이 여심汝心이다' 한 거다. "내 마음이 네 마음이다." 신의 마음과 수운의 마음이 하나 된 순간이 신의 계시가 이루어진 순간이고, 수운이 깨닫고 동학이 시작된 순간이다. 안창호 선생이 청중과 하나의 마음이 됐을 때 안창호가 깨달은 것은, 민족의 마음이 내 마음이고 내 마음이 민족의 마음이라는 것이다. 그래서 이 마음을 가지고 평생을 사신 분이다. 평생 처음 마음을 흐트러트리지 않고 살 수 있었던 거다.

만민공동회를 통해 민중이 모이고 사회를 변혁해 가려는 움직임이 일자 고종이 잔뜩 겁을 먹었다. 처음에는 돈도 대주고 애국자라고 하더니 나중에 개혁안이 나오니까 겉으로는 한다고 하고 속으로는 포도청 사람들과 군대를 동원해서 독립협회와 만민공동회를 해산시켰다. 이로써 독립협회와 만민공동회 운동도 실패로 끝났다.

안창호는 1902년에 미국으로 가서 기본부터 배우겠다고 초등학교에 들어갔다. 민족지도자이고 스물네 살이 되었는데 초등학교에 들어간다는 게 쉽지 않았다. 안창호가 기본에 충실한 사람이고 겸허한 사람인 것을 알 수 있다. 기초부터 배우면서 샌프란시스코와 로스앤젤레스의 교민들이 정말 어렵게 살고 사람 꼴이 아닌 것을 보게 되었다. 많은 교민들이 게으르고 지저분하고 만나면 술 먹고 싸우고 도박하면서 지냈다. 그래서 교민들의 생활을 새롭게 하기 위해서 교민들을 깨워 일으키는 운동을 시작했다. 도산은 교민들이 사는 집 앞부터 빗자루로 쓸기 시작했다. 젊지만 유명한 지도자가 길을 쓸기 시작하자, 동네 사람들이 다 나와서 함께 쓸었다. 더나아가 안마당까지 쓸어 주고 친해지면 변소 청소도 해주고 그렇게 1년이 지나가니까 길거리가 깨끗해지고 옷차림이 단정해졌다. 몸가짐이 아주 의젓해지고 눈빛이 달라지는 거다. 교민들이 부지런해지고 싸움도 안 하고 술도 덜 먹고 노름도 안 하게 되었다. 서로 만나서 좋은 얘기 나누고 좋은 일을 하면서 생업에 열심을 내었다. 한국 교민들의 생활이 갑자기 크게 바뀐 것을 보고 "한국에서 얼마나 위대한 지도자가 왔기에 한국 사람들이 저렇게 바뀌었나!"라고 미국 사람들이 감탄했다 한다.

안창호 선생은 민중과 하나 되는 체험을 하고 민중을 깨워 일으키는 데 헌신한 분이다. 민중을 깨워 일으키되, 민중과 한마음이 되어서 깨워 일으켰다. 민중을 섬기는 자세로 민중을 일으킨 거다. 섬기는 교육, 섬기는 정치, 섬기는 지도력이다. 거만하게 앞장서서 이렇게 해라, 저렇게 해라 가르친 것이 아니라 정말 낮은 자세로 몸소 마당부터 쓸면서 깨워 일으키는 거다. 안창호는 민중의 처지에서 민중의 마음으로 민중을 깨워 일으켰다.

안창호는 민중에게 절함으로써 민중을 일으킨 분이다. 한신대학장, 건국대학교 총장, 한국유네스코 사무총장을 지낸 정대위 박사라는 분이 있다. 그는 평양중학교를 졸업한 후 몇몇 친구들과 식당에서 밥을 먹으면서 앞으로 어떤 사람이 될 것인지 얘기를 나누었다. 한 친구는 "나는 큰 정치가가 돼서 나라를 바로 세우겠다"라고 했고, 또 한 친구는 "큰 기업가가 돼서 굶주린 백성들을 풍요롭게 하겠다"라고 했다. 정대위 소년은 "나는 목사가 돼서 우리 민족의 정신을 일깨우겠다" 하였다. 마침 그 식당에 안창호 선생이 앉아 있다가 그 소리를 듣고는 다가와서 90도로 큰절을 하더니 "미래의 목사님, 부디 훌륭한 목사님이 되셔서 우리 민족의 정신을 일깨워 주십시오" 하고 가더라는 거다. 민족의 큰 지도자가 소년 정대위에게 큰절을 했으니 이 사람이 얼마나 고맙게 생각하겠는가. 정대위는 키는 작지만 카리스마가 있고 아주 온화하며 화합을 시키는 지도력을 지닌 사람이었다. 정치권의 유혹도 많이 받았다. 그런데 끝까지 그 유혹을 뿌리치고 목사 자리를 지켰다. 그는 "도산 선생님의 큰절을 받았기 때문에 그 절값 하느라고 내가 목사를 그만두지 못했다" 했다.

농부의 얼굴이 화광동진이다

안창호는 1907년 미국에서 돌아온다. 1905년 을사늑약을 맺고 나라가 일본에 넘어가는 즈음이다. 안창호는 독립협회와 만민공동회에 참여했던 사람들 가운데 기독교 민족주의 인사들을 중심으로 비밀 독립운동단체인 신민회新民會를 만든다. 신민회의 목적은 말 그대로 민民을 새롭게 하자는 것이다. 나라의 토대이자 주체인 민을 깨워 일으켜서 나라를 되찾고 나라를 바로 세우자는 거다. 민을 중심에 놓는 생각이다. 신민회는 우리나라 최초로 군주제를 부정하고 민주공화정을 이념으로 내세웠다. 민을 일깨워 나라를 바로 세우기 위해서 신민회는 학교운동, 교육운동을 일으켰다. 이것이 교육으로 나라를 세우는 교육입국教育立國 운동이다. 그래서 도산은 평양에 대성학교를 세웠고, 신민회 평안북도 책임자였던 남강 이승훈은 정주에 오산학교를 세웠다. 도산은 1910년에 망명했기 때문에 대성학교는 힘을 잃었고 남강은 끝까지 조선 땅을 지켰기 때문에 오산학교는 오랜 세월 정신의 맥을 이어갈 수 있었다.

그 오산학교에서 유영모와 함석헌이 만난다. 유영모는 스무 살 때인 1910년에 교사로 와서 2, 3년 가르쳤다. 그 후 1921년, 만 31세에 교장이 됐다. 3·1운동으로 남강이 감옥에 있고 교장 조만식 선생은 민족주의자라고 쫓겨났기 때문이다. 유영모도 임시 교장으로 1년 있다가 물러났다. 학력이 부족해서 교장 자격이 없다고 일본 당국이 교장 인가를 내주지 않았기 때문이다. 평양고보에서 3·1운동에 앞장섰다가 퇴학을 맞은 함석헌 선생이 오산학교로 전학와서 교장 유영모를 만났다. 이때 유영모에게서 인생, 종교, 나, 나라, 정신, 진리에 대한 가르침을 받고 함석헌은 큰 자극과 깨달음을 얻었다.

유영모는 20대 때부터 새벽마다 냉수마찰을 했다. 교장으로 부임한 후 교장실에 가자마자 의자 등받이를 잘라 버리고 평평한 의자 위에 무릎 꿇고 앉아 업무를 보고 공부를 했다. 왜 등받이를 잘랐을까? 기대지 않고 허리를 꼿꼿이 세우기 위해서다. 민이 주체적으로 일어나기 위해, 학생 한 사람 한 사람을 주체로 일으켜 세우기 위해 먼저 제 몸, 제 허리부터 꼿꼿이 세우자는 것이다. 일본의 종살이에서 벗어나 자주독립하려면 몸부터 꼿꼿이 세워야 한다는 것이다. 유영모 선생은 주체인 '나'를 세우는 데 전념했다. 이렇게 둘이 오산학교에서 만나 씨올사상이 싹텄다. 오산의 교육정신에서 씨올사상의 꽃이 피었다.

오산의 교육정신은 어떻게 형성되었나? 오산의 설립자이자 이사장인 남강 이승훈이 오산 교육정신의 밑돌을 놓았다. 남강은 안창호보다 열네 살 많고 이미 큰 기업가로 성공한 분이다. 1907년에 안창호의 강연을 듣고 큰 감동을 받은 그는 머리를 자르고 한복을 벗어 버리고 나라를 위해 헌신하는 삶을 시작했다. 남강은 1907년 말에 오산학교를 세우고, 오산학교를 통해서 나라를 살리는 운동을 했다.

본래 남강은 가난한 평민 집안 사람으로, 열 살이 되기 전에 부모, 조부모까지 돌아가셔서 고아가 되었다. 그래서 남의 집에 들어가 사환 노릇을 했다. 어려서부터 남의 심부름 하고 궂은일하는 것을 몸에 익혔다. 주인은 남강을 가리켜 "쟤는 내가 일을 시킬 수 없는 애"라고 했다. 일을 시키려고 보면 일을 벌써 끝냈거나 그 일을 하고 있다는 거다. 남의 심부름을 잘하니까 남을 섬기는 교육, 섬기는 정치의 귀감이 될 수 있었다. 남강은 좋은 일에는 남을 앞세우고 궂은일은 자신이 먼저 했다. 남강은 어려서 부모, 조부모를 잃은 탓인지 죽을 각오를 하고 살았다. 독립만세운동에 앞장설 것을 제안받고는 죽을 자리 찾았다며 기뻐했다. 남강은 자신의 삶과 재산을 나라와 민족 교육을 위해 다 바쳤다. 그의 일생은 섬기는 삶이고 바치는 삶이었다. 오산학교를 세우고 거기다 재산을 다 바쳤다. 학교 지붕이 새면 자기 집 기와를 거둬다 얹어 놓고, 교사들 먹을거리가 떨어지면 자기 집 쌀가마니를 갖다 놓았다. 부인이 "우리는 뭐 먹고 살아요" 하면 "아, 우리는 그냥 학생들 하숙이나 쳐서 된장이나 끓여 먹으면 되지 밥이야 굶겠어, 저 선생들 학생들 밥이나 해주면서 같이 먹으면 되지" 했다. 그는 재산을 다 바치고 죽음을 두려워하지 않았으며, 남을 앞세우고, 남의 심부름 하는 것을 좋아했다. 자기를 죽이고 자기를 버려야 산다는 것을 깨닫고 몸으로 실천했다. 이게 씨올정신이다. 남강 이승훈은 씨올정신의 원조다.

　　남강은 오산학교에서도 시간만 나면 마당을 쓸고 변소 청소를 했다. 학교 설립자요 이사장인 남강이 그렇게 하니 다른 사람들이 가만히 있을 수 있었을까. 1919년 3·1운동을 일으키고 남강은 형무소에 들어갔다. 사형이 예상되어 남강은 죽을 자리를 찾았다며 좋아서 덩실덩실 춤을 췄다. 감방에는 여러 잡범들이 있었는데 남강은 "오늘부터 변기통 청소는 내가 한다" 했다. 당시에는 감방에 화장실이 따로 없고 변기통을 사용했다. 남강은 출옥할 때까지 3년 반 동안 새벽마다 변기통 청소를 맡아서 했다.

오산학교가 있었던 평안북도 정주는 겨울 추위가 매서웠다. 한겨울에는 변소의 똥 무더기가 얼어서 올라온다. 누는 사람만 있고 치우는 이가 없으니까 자꾸 올라온 것이다. 남강이 한 손으로 수염을 잡고 도끼로 무더기를 까는데 그게 튀어서 입으로 들어가고 했다. 총무과 일을 보던 조형균 장로가 지나가다 그것을 보고 "선생님, 이게 어쩐 일입니까?" 하고 말렸다. 남강이 퉤퉤 침을 뱉는 것을 보고 "맛이 구수하겠습니다" 하자 "맛이 괜찮네"라고 대답했다 한다. 말년에 남강은 "오산학교에서 내가 한 일이 있다면 똥 먹은 것밖에 없다"라고 학생들에게 자랑했다. 3·1운동을 준비할 때 독립선언서의 맨 앞에 누구 이름을 쓸 것인가를 놓고 기독교 사람들과 천도교 사람들 사이에 다툼이 벌어졌다. 맨 앞에 이승훈을 쓰느냐 손병희를 쓰느냐 다투느라고 일이 진전이 안 되었다. 밖에서 돌아온 남강 선생이 "이거는 죽는 순서야. 손병희부터 써"라고 해서 일이 쉽게 풀렸다. 그리고 남강의 이름은 민족대표 33인 명단의 가운데쯤에 넣었다는 거다. 남을 앞세우고 죽음을 두려워하지 않고 험한 일을 도맡아 한 이가 남강이다.

함석헌은 스물여덟에 오산학교 교사로 왔다. 2년 남짓 남강을 가까이 모셨는데 선생은 60대 중반의 노인이고 함 선생은 20대

후반의 청년이었다. 함 선생이 학생들을 모아 놓고 성경공부를 했다. 남강이 함석헌의 성경공부 모임에 참여해서 들어 보고, 젊은 선생 하는 얘기가 깊고 진실하니까 다른 교사와 학생들에게 "너희들도 와서 들어라. 좋은 얘기는 같이 듣는 거다"라고 권했다. 남강은 이 모임에 지속적으로 참여하면서 함께 듣고 말씀도 나누며 격려했다. 그런 남강에게 함석헌은 크게 감격했다. 남강은 함석헌의 말을 들어 줌으로써 함석헌의 마음을 사로잡은 참 스승이었다.

　　나는 1970년대 중반에 젊은 사람 10여 명과 함께 함 선생을 모시고 천안 부근 모산에서 2박 3일 수련회를 가진 적이 있다. 밤에 마당에 나오셔서 말씀하신 것 가운데 다른 것은 기억나지 않고 스승에 대한 말씀이 기억에 남아 있다. "제게 좋은 선생님이 계셨지요. 다석 유영모 선생님……" 하는 말 속에 깊은 감사와 존경의 마음을 느낄 수 있었다. 그리고 이승훈 선생님에 대해서는 좋다는 말씀도 없이 그저 "아! 남강 이승훈 선생님!" 하셨는데, 스스로 감동하여 함 선생의 목소리가 젖어 들었다. 70대 중반의 함석헌은 이미 겨레의 스승으로 추앙받던 때였다. 그런 함석헌이 두 스승 이승훈과 유영모에 대한 절절한 그리움과 깊은 존경을 품고 있다는 것이 놀라웠다. 스승에 대한 그리움과 존경이 사무쳐 있는 70대 중반의 함석헌에게서 영원히 젊은 학생의 마음을 느꼈고, 늘 새롭게 싹트고 자라는 씨올의 정신을 보았다.

　　유영모가 말했다. "내게 두 벽이 있다. 서쪽 벽은 함석헌 옹이고, 동쪽 벽은 남강 이승훈 선생이다. 내가 이 두 벽에 둘러싸여 살고 있다고 그렇게 믿고 살아왔다." 이승훈, 유영모, 함석헌 세 사람은 정신적으로 뗄 수 없는 운명 공동체다. 유영모는 깊이 파고드는 사람이다. 오산학교에서 가르치면서 철학적이고 영성적으로 깊이 파고들어 민중 주체의 뿌리를 팠다. 민중을 일깨운다는 말은 민중이 스스로 자각해서 스스로 일어나게 하는 거다. 민중 한 사람 한 사람의 '내'가 일어나는 거다. 그것이 참 교육이다.

안창호의 신민회, 이승훈의 오산학교는 민중의 주체적인 자각을 추구했다. 자각은 스스로 깨닫는 것이고, 스스로를 깨닫는 것이다. 내가 깨닫는 것이요 나를 깨닫는 것이다. 유영모는 나의 뿌리를 탐구했다. 그는 나의 뿌리가 하늘에 닿아 있다고 보았다. 하늘이 바로 나의 뿌리다. 내 속의 속을 파고들어 가면 하늘에 닿는다. 사람은 누구나 속에 하늘을 품은 존재이기 때문이다. 예수는 자신이 하나님(하늘)의 아들天子임을 자각했다. 그는 자신뿐 아니라 창녀와 세리도 하나님의 딸과 아들이라고 했다. 민중 한 사람 한 사람이 다 하나님의 딸과 아들이라는 것을 자각해서 하나님을 어버이로 모시고 형제자매로 사는 것이 하늘나라다.

유영모는 민중 한 사람 한 사람의 뿌리가 하늘에 닿아 있다고 봤다. 하늘에까지 닿을 때 진정한 깨달음이 온다. 그는 "햇볕에 그을린 농부의 얼굴이 화광동진和光同塵"이라고 했다. 햇볕에 타서 그을려진 농부의 검은 얼굴이 노자가 말하는 최고 진인眞人의 경지라는 거다. 화광동진은 "빛을 부드럽게 하고 티끌과 같아진다"라는 말이다. 높은 깨달음에 이른 사람은 지식과 정신을 자랑하는 것이 아니라 그 날카로운 정신과 지식을 부드럽게 하고 티끌처럼 겸허하게 밑으로 내려가서 티끌과 같은 사람들과 함께 어울릴 수 있다. 바로 이것이 노자가 말한 참 사람眞人의 경지인데, 햇볕에 그을린 농부의 얼굴이 그 경지를 보여 준다는 거다. 그는 "동양 문명의 뼈에 서양 문명의 골수를 심는다"라면서 "나는 평생 이 일을 추구해 왔다"라고 했다. 그러나 동양 문명이 주인지 서양 문명이 주인지 또 어디가 종인지 말할 수 없다며, 동양 문명과 서양 문명이 다 각자 주가 돼서 주체와 주체로서 생동하며 합류하고 만나게 했다. 그래서 기독교, 유교, 불교, 도교의 주체적 만남을 실현했다. 동서 문명의 합류라는 점에서나 민중의 자각이라는 점에서 유영모는 확실한 원리와 최고의 경지에 도달했다. 함석헌은 도산과 남강의 역사정신, 민족정신을 이어받고 유영모의 깊은 민중영성 철학을 계승해서 씨올사상을 정립하고 민주화운동에 앞장섰다.

요약하면 안창호는 씨올사상의 씨앗을 심고, 이승훈은 하나의 옹근 씨올이 돼서 씨올사상의 씨앗을 싹트게 하고, 유영모는 민중 씨올의 뿌리를 깊이 파서 그 뿌리가 하늘에 닿게 하고, 함석헌은 씨올사상과 정신을 큰 나무로 자라게 했다.

씨올은 어버이와 같다

'씨올'이라는 말이 언제 생겼나. 유영모는 1956년 12월 28일 YMCA 연경반에서 유교경전 《대학大學》을 강의했다. "대학지도大學之道는 재명명덕在明明德하며, 재친민在親民하며 재지어지선在止於至善"이라는 말이 있다. 다석은 이렇게 풀이했다. "한 배움 길은 밝은 속알 밝힘에 있으며 씨알 어뵘에 있으며 된 데 머묾에 있느니라." 큰 배움의 길은 밝은 속알을 밝히는 데 있다. 덕을 속알이라 했다. 친민親民을 '씨알 어뵘'으로 옮기고, 지어지선止於至善은 지극한 선에 머문다는 말인데 '된 데 머묾에 있다'로 풀이했다. 지극한 선, 최고의 선을 다석은 우리말로 '됨'으로 파악했다. 지극한 선善은 무엇을 행하는 데 있는 게 아니라 '참 사람이 되고', '하나로 되는 데' 있다. "그 사람 됐다", "그 사람 된 사람이다"라고 할 때의 '됨'이 인생의 목적이다. 사람은 끊임없이 사람으로 되는 존재요 되자는 존재다. 친親은 모친 부친 할 때의 친인데 어버이를 나타낸다. 친민은 민을 '가까이 한다', '친하게 한다'라는 뜻이다.

성리학을 정립한 주희는 친민을 '민을 새롭게 한다'는 뜻의 신민新民으로 풀이했다. 안창호가 신민회를 만들었다고 했는데 친민과 신민은 서로 통하는 말이다. 민을 가까이한다는 말과 민을 새롭게 한다는 말이 서로 통한다. 민을 새롭게 하려면 민을 가까이 해야한다. 유영모는 친민親民을 '씨알 어뵘'이라고 풀이했다. 어뵘은 '어버이 뵈옵듯' 하라는 말이다. 씨올인 민을 어버이처럼 받들어 섬긴다는 말이다. 유교 전통에서는 민을 어리고 어리석은 존재로 봤다. 임금이나 관리는 군자고 백성은 어리고 어리석은 존재다. 세종대왕의 훈민정음에도 민을 '어리석은 백성愚民'이라고 했다. 임금과 관리, 도지사나 군수는 어버이고 백성은 어린 자식으로 여겼다.

민을 어버이 뵙듯 하라는 말은 전통적인 유교의 생각을 확 뒤집은 거다. 아주 혁명적인 사고의 전환이 이루어졌다. 함석헌은 이런 생각을 분명히 표현했다. '봐라. 군왕들이나 영웅이라는 것들이, 장군이라는 것들이 철없이 땅따먹기나 하고 전쟁놀이나 해가지고 세상을 얼마나 파괴하고 괴롭히느냐.' 욕심에 사무치고 제 욕심을 제어하지 못하는 것들이 군왕들이고 관리라는 거다. 장군이라는 것들이 철부지들이다. 어버이 심정을 가진 사람이 누구냐. 민중이다. 군왕이나 장군 같은 철부지들이 망나니짓을 해서 세상을 짓밟고 파괴하지만, 민중은 폐허가 된 생명 동산을 어버이처럼 일궈서 다시 꽃동산, 평화의 생명 동산으로 만든다. 씨올 민중이 어버이다.

함 선생은 일관되게 '민을 어버이처럼 생각하라' 했다. 지식인들은 명예욕 때문에 이름 앙탈을 부리지만 민중은 이름을 가지고 앙탈 부리는 일이 없다. 민이라고 해서 도덕적으로나 인격적으로 완벽하다는 게 아니다. 역사와 사회의 전체 구조와 틀 속에서 전체적으로 보면 욕심 사나운 지배 엘리트가 철부지 어린이 같고 역사와 사회의 바닥에서 힘든 일을 맡아 하는 민중이 어버이 같다는 말이다. 그렇게 해서 '씨알'이라는 말이 맨 처음 '민民'에게 쓰인 거다. 그다음 1957년 3월에 함 선생님이 천안에서 '씨알농장'을 처음 시작해서 '씨알'이라는 말을 본격적으로 쓰기 시작했다. 1970년 〈씨올의 소리〉를 내면서 '씨올'로 쓰기 시작했다. 유영모는 아래아가 깊은 철학적 의미를 가진 말이므로 살려 내서 써야 한다는 것을 강조했다. 따라서 함석헌이 '씨올'로 쓴 것은 유영모의 뜻을 살려 낸 것이라고 생각한다. 씨올은 민을 주체로 대접하는 품격 높은 이름이다.

씨올사상은 우리 사회에서 한 번도 주류가 되지 못하고 있다. 유영모가 35년 동안 강의를 했던 YMCA가 지금 유영모의 씨올사상과 무슨 관계가 있나? 안창호가 설립한 흥사단도 안창호의 씨올정신을 제대로 계승하는 것 같지 않다. 왜 그런가? 정신이나 사상은 제도나 기관을 통해서, 계승되기 어렵다. 제도나 기관은 물질적 토대 위에 세워지고 유지되는 것이다. 정신과 생명이 아니기 때문에 제도나 기관은 본래의 생명과 정신을 배신하기 쉽다. 생명은 생명을 통해서, 정신은 정신을 통해서 계승된다. 예수와 오늘의 기독교를 비교해 보면 알 수 있다. 제도나 기관은 성격상 하나의 기계이며 틀이기 때문에 오히려 사람의 정신을 타락시키기 마련이다.

그렇다고 제도나 기관 없이 우리가 살 수 있느냐 하면 그렇지 않다. 혼자 사는 세상이 아니고 함께 사는 세상이기 때문에 제도나 기관이 있어야 한다. 산업화된 자본주의 사회에서 돈 없이는 살 수 없다. 그러나 제도나 기관, 돈의 주인이 되지 못하면 타락하게 된다. 그래서 제도나 기관, 돈의 주인 노릇을 하고 정신과 뜻을 계승하려면 깬 정신으로 비상한 노력을 해야 한다. 비상한 정신을 가진 사람이, 비상한 노력을 하는 사람이 그 제도와 기관을 움직여 나가야 한다. 그렇지 않으면 정신과 사상은 금방 타락한다. 유대교가 그랬다. 예언자 중의 예언자인 예수를 십자가에 달아 죽였다. 그래서 예수님은 "회칠한 무덤 같은 인간들, 너희 조상들은 예언자를 잡아 죽였고 너희들은 그 무덤에 색칠하고 있구나" 하고 혹독하게 질타했다. 타락하지 않으려면 끊임없이 갱신해야 한다. 종교개혁의 명제가 "항상 개혁하는 교회"다. '끊임없이 항상 혁신'하지 않으면 타락한다. 제도나 돈의 주인 노릇을 하려면 정신과 생명이 깨어 있어야 한다. 지금 오산학교가 오산정신을 제대로 살리려면 유영모, 함석헌 같은 분이 오산학교를 운영했어야 했다.

씨올사상은 언제 주류 사상이 될 수 있을까? 씨올사상은 민중을 받들고 민중을 위하는 민주사상이니까 민중이 세상의 주인이 되는 만큼 주류가 되는 거다. 지금은 소비자가 왕이고, 국민이 나라의 주인이라고 하고, 권력은 국민에게서 나온다고 하며 정치인들이 국민을 섬기고 받든다고 한다. 그러나 사회 돌아가는 현실은 그렇지 않다. 돈 많고 권력을 가진 사람과 보수언론이 주인이다. 씨올사상과 정신으로 움직이는 사회가 아니다. 그래서 갈수록 민이 깨어나서 주체가 되고 주인이 되어야 하는 거다. 그러면 씨올사상이 국민교육의 교본이 되고 국민을 움직이는 주류사상이 될 수 있다. 앞으로 몇십 년, 몇백 년이 걸릴지 장담할 수 없지만 초등학교부터 대학교까지의 교재에 유영모와 함석헌, 안창호와 이승훈의 삶과 사상이 들어갈 때가 올 것이다. 초등학생들 사이에 약육강식의 폭력행위가 만연했는데 어린 학생들이 자신들의 가학적인 폭력행위의 문제점을 느끼지도 못한다. 전쟁과 경쟁의 정복 철학이 사회를 지배하고 생명에 대한 공감과 배려가 부족하기 때문에 어린 학생들이 가학적 폭력에 물들어 있다. 어린아이들에게 씨올사상의 생명과 평화 정신을 가르쳐야 하지 않을까?

　'씨올사상'은 생명진화의 사실과 민주정신과 깊은 영성의 철학을 나름대로 일관성 있게 정리한 거다. 내 몸에 37억 년 생명진화의 역사가 압축되어 있고, 내 마음에 2백만 년 인류 역사가 새겨져 있고, 내 몸과 마음에 얼과 혼이 있다는 것은 상식적으로 누구나 받아들일 수 있는 과학적이고 역사적이고 정신적인 사실이고 진실이다. 나라의 주인이 국민이고 나라의 권력은 국민에게 있다는 것은 민주사회의 원칙이고 상식이다. 이런 자명하고 당연한 상식적인 진실을 받아들이지 않고 외면하고 살기 때문에 생명과 정신과 사회가 혼란에 빠져 있다.

　지금 세상은 정신이나 사상에서는 일대 혼란에 빠져서 일관성 있는 말이 아무것도 없다. 지금부터 씨올정신과 철학에 비추어서 그리고 민중의 처지와 심정을 바탕으로 '씨올세상'에 대한 지침이 나와야 한다. 먹고 입고 자고 쓰는 것에 대하여 실천적인 '씨올지침'

이 나와야 한다. 경쟁사회라지만 어디까지 경쟁하고 어디까지는 경쟁하지 않아야 하는지 사회생활 지침이 나와야 한다. 공기업의 민영화도 어디까지 허락할 것인지 따져 보아야 한다. 먹고 입고 자고 교육을 받는 국민의 기본생활에 관련된 분야는 경쟁도 민영화도 제한되어야 하지 않을까? 정치 경제 사회 문화 종교의 모든 영역에서 실천적인 생활지침을 마련하고 실천해 감으로써, 민주적인 철학과 사상으로서 '씨올사상'을 완성해 가야 한다.

2장

가온찍기와 줄곧뚫림의 철학
씨올사상과 유영모

     씨올사상과 관련해서 유영모가 어떤 구실을 했는가. 앞서 얘기한 대로 우선 씨올사상은 한국 근현대사 속에서 생성되었다. 한국 근현대사는 동서 정신의 만남 속에서 민중이 깨어나는 과정이라 할 수 있다. 동서 정신과 문명이 융합되고 민ᄆᆞᆫ이 깨어나는 한국 현대사의 과정이 유영모의 정신과 사상과 삶에서 가장 심오하게 구현되었다. 유영모는 서양 문명의 골수를 동양 문명의 뼈대 속에 넣는 일에 평생 힘썼다고 했다.

     서양 문명의 골수가 뭘까. 첫째는 기독교 신앙, 둘째는 민주정신, 셋째는 이성적이고 과학적인 철학이다. 그중에서도 정신이라고 한다면 기독교가 중심에 있을 거다. 동양 문명의 뼈대는 무엇인가. 불교로 말하면 공空사상, 즉 하늘의 빔이다. 유가나 도가로 말하면

길 사상 즉 도道다. 한국으로 말하면 크게 하나 되는 한 사상이다. 나는 이것을 '빔, 길, 한'이라고 표현하는데, 이것은 개념적인 틀이고 뼈대라고 할 수 있다. 거기에 서양 문명의 골수를 넣는다는 거다. 서양 문명의 골수는 한 마디로 자기를 부정하고 비판하면서 솟아오르는 영혼, 얼이다. 다석은 골수가 중요한지 뼈대가 중요한지, 어느 것이 주主이고 어느 것이 종從인지 그건 말할 수 없다고 했다. 주종 문제가 아니라는 거다. 둘 다 똑같이 중요하고 둘 다 똑같이 주인이고 주체라는 거다. 그러니까 서양 문화와 동양 문화가 주체와 주체로서 생동하면서 만난 거다.

서양 문화, 동양 문화에 관한 책을 읽어서 머리로 동양 문화와 서양 문화를 종합하면 동양 문화와 서양 문화가 서로 주체로서 만날 수 없다. 철학자들이나 사상가들이 남의 책을 많이 읽고 종합해서 정교한 사상과 이론을 펴내도 서로 다른 이론과 사상이 주체와 주체로 만나지 못한다. 어느 한쪽이 주主가 되거나 다른 한쪽이 변두리가 되고 만다. 왜냐. 어떤 관점을 가지고 얘기를 해야 하니까 한쪽이 주가 되고 다른 쪽은 객이 되거나 종이 된다. 양쪽 다 주主, 주체라고 보기 어렵다. 그러나 유영모는 남의 책을 읽어 가지고 동서 정신과 사상을 통합한 것이 아니다. 물론 유영모도 책을 많이 읽고 경전 공부를 많이 했다. 그는 책을 읽고 경전을 읽어도 머리와 가슴으로만 읽지 않고, 몸으로 읽고 맘으로 읽고 혼으로 읽었다. 자기 자신의 몸과 생명과 혼이 녹아져서 그의 몸과 삶과 혼 속에서 동서 정신문화가 합류한 거다. 유영모 선생의 몸에서 맘에서 얼에서 삶에서 합류한 거다.

한국 근현대사 속에서 동서 문화의 합류가 일어났다. 유영모라는 깨끗하고 정직한 인격과 삶 속에서 서양 정신과 동양 정신이 합류했다. 그러니까 동서 정신문화가 다 생동하는 주체가 되는 거다. 실제로 유영모 선생의 말씀을 들어 보면 어느 것이 주인지 종인지 구분이 되지 않는다. 유교는 유교대로 불교는 불교대로 한국 정신은 한국 정신대로 생생하게 생동하며 주체로 남아 있다. 기독교는 기독교대로 예수는 예수대로 성경은 성경대로 생생하게 주체로 살아 있다.

동서 사상 가운데 어느 것 하나 소홀히 되고 주변으로 밀려나는 것이 없다. 생각하는 이성철학을 유영모처럼 강조한 사람이 없다. 유영모는 본래 과학 교사였고 수학과 천문, 화학에 깊은 관심을 가지고 공부했다. 이성의 '생각'이 가장 중요하게 유영모 사상 속으로 들어와 있다. 또 민주 정신이 가장 철저하고 중요하게 유영모의 정신과 사상 속에 들어와 있다. 민주 정신이 유영모의 골수에 사무쳤다. 이건 아무나 되는 것이 아니다. 칸트나 소크라테스 책을 보아도 어느 한쪽이 강조되면 다른 쪽이 무시된다. 이성을 강조하면 영성이 약화되고, 영성을 강조하면 민주가 약화된다. 사람을 강조하면 자연이 무시되고, 신을 강조하면 인간이 무시된다. 유영모 사상 속에서 동서고금의 정신과 사상이 소통하며 생생하게 살아나고 있다. 나는 유영모는 20세기가 낳은 위대한 사상가이고 앞으로 많은 사람이 유영모를 말하게 될 거라고 생각한다.

　　유영모처럼 동서 정신이 만난 사례는 일본도 중국도 미주도 유럽도 없다. 또한 다석 유영모의 사상은 동서고금의 사상이 만난 것에 그치지 않고 민民을 깨워 일으키는 사상이다. 유영모에 앞서 안창호, 이승훈 선생의 머릿속에 나라를 되찾고 바로 세우기 위해서는 나라의 주인이고 주체인 민民을 깨워 일으켜야 한다는 일념이 있었다. 그래서 신민회를 조직하고 오산학교를 세우고 3·1운동을 일으킨 거다. 이런 흐름 속에서 유영모가 오산학교 선생으로 초빙되었다. 이승훈 선생과는 부자 관계처럼 가까웠다. 거기서 함석헌을 제자로 만났다.

　　유영모 선생이 "이승훈 선생은 돌아가시고 함 옹은 멀어지고……" 이런 심경을 토로하신 적이 있다. 서쪽 벽은 제자라고 할 수 있는 함석헌, 동쪽 벽은 스승인 남강 선생님, 이 두 벽 사이에 '내가 산다'는 것은 겸허한 얘기다. 이 두 벽에 의지하고 살았다는 얘기다. 정신적으로도 역사적으로도 세 사람의 관계와 인연을 끊을 수 없다. 그런데 유영모 선생의 제자들이 있지만 이분들은 이승훈, 유영모, 함석헌 이 세 분의 긴밀한 관계를 얘기하지 않는다. 이승훈은 심오한 사상가가 아니라고 하고, 함석헌은 정치적인 활동으로 실덕한 사람이라고 하며 이 세 분의 관계를 끊어 버리고, 유영모의 '얼나'만 얘기하려 한다.

　　유영모 선생 탄신 115주기에 여의도 성천문화재단에서 강연을 한 적이 있다. 나는 이 강연에서 동서고금의 사상을 회통하는 유영모의 정신과 사상이 역사적 맥락에서 형성되었고 그 핵심은 나라의 토대와 주체인 민民을 깨워 일으키는 데 있다는 것을 강조했다. 동서고금의 사상을 융섭하여 인류가 함께 살 수 있는 정신과 철학의 집을 다석이 지었다고 했다. 숨 쉬고 생각하는 것이 몸과 맘을 불살라 하늘에 제사 지내는 것이며, 숨을 깊이 쉬고 생각을 바로 하는 것이 자유롭고 평등한 존재가 되는 것임을 밝혔다.

　서양에서 민중을 각성시키는 것을 계몽이라고 하는데, 계몽은 지식인 엘리트가 무지몽매한 민중을 깨우치는 것이다. 깨우치는 지식인 엘리트와 깨우침을 받는 민중 사이에 거리가 있고, 깨우침의 내용도 지식과 사상의 차원에 머물러 있다. 그러나 안창호와 이승훈, 유영모와 함석헌에게 민중을 깨워 일으킨다는 것은 민중의 정신과 양심과 혼을 깨워 일으키는 거다. 민중에게 사상과 지식을 주는 게 아니라, 민중의 주체를 세우고 민중의 '나'를 일으키는 거다. 민중의 나를 찾게 하는 거다. 그런데 남이 '나'를 일으켜 세울 수 없다. '나'를 일으켜 세울 수 있는 것은 오직 '나'뿐이다. 내가 나를 일으켜 세우는 것이고 내가 스스로 일어나는 것이다. 옆에서 일깨우고 일으켜 세우는 사람의 구실은 민중이 스스로 일어나도록 섬기고 돕는 것뿐이다. 그러므로 참 교육은 스스로 일어나게 돕고 섬기는 교육이다.

　유영모 자신도 민중의 하나인 씨올로서 자신의 '나'를 탐구했다. 그의 씨올사상은 내가 나를 일깨우는 사상이다. 남을 일깨우고,

남보고 깨어나라고 하기 전에 먼저 내가 나를 깨우는 사상이다. 유영모는 이걸 사무치게 생각했다. 누가 나를 깨워 일으킬 수 있는 것이 아니라 내가 스스로 깨어 일어나야 하는 거다. 백 년이 가고 천 년이 가도 깨어 일어나는 것은 '나' 자신이다. 누가 대신할 수 없다.

민은 세상의 짐을 지는 존재다

유영모 선생은 민중을 대신해서 민중의 자리에서 민중의 한 사람으로서 씨올철학을 형성해 갔다. 유영모 선생의 구도자적 삶과 탐구는 민의 한 사람으로서 민을 대신해서 민의 자리에서 이루어진 것이다. 유영모 선생의 사상은 그 첫 번째가 씨올을 발견하고 씨올을 삶과 사상의 중심에 세우는 거다.

유영모 선생이 민을 씨올이라 하고 씨올을 어버이 뵙듯 섬기라고 한 것은 민주사상과 운동의 중요한 시발점이고, 혁명적인 선언이다. 이 씨올이란 한 마디 말로써 안창호, 이승훈의 삶과 정신과 운동을 함축하고 그 결실을 맺은 거다. 조선시대 민民은 어리석고 힘없는 어린 자식들이고, 왕과 관리는 부모라고 생각했다. 부모인 왕과 관리는 어리석고 어린 자식들과 같은 백성을 보듬고 달래야 한다고 보았다. 그런데 민을 어버이처럼 섬기라는 것은 민에 대한 생각을 근본적으로 뒤집은 것이다. 지금은 민주 시대이고 말로는 민을 섬겨야 한다고 하지만 실제로는 민을 어리석은 철부지로 여기는 사람들이 특히 정치인들과 지식인들 사이에 아직도 적지 않다.

민중은 나라의 어버이다. 농사지어 먹여 주고 옷감 지어 입혀 주고 집 지어 살게 하는 게 누구인가. 민民이다. 민이야말로 어버이 마음으로 사는 존재다. 농사꾼이 화가 난다고 농사 안 짓고 파업하면 어떻게 되겠는가. 햇볕에 그을린 농부가 화광동진和光同塵이라고 다석이 말했다. 화광동진은 빛을 부드럽게 하고 겸허하게 티끌과 같아지는 진인眞人의 경지를 나타낸다. 햇볕에 그을린 농부의 얼굴이 뭐가 그렇게 고상하고 아름답겠는가. 누가 농부의 얼굴이 잘났다고 하겠는가. 그런데 농부의 얼굴이 화광동진이라고 했다. 노자가 말하는 진인의 최고 경지가 화광동진인데, 햇볕에 그을린 농부의 얼굴이 참사람의 얼굴이고 가장 높은 경지에 이른 얼굴이라는 것이다.《도덕경》을 풀이한 사람들 가운데 화광동진을 이렇게 풀이한 사람을 못 봤다. 유영모 선생이 민중의 관점에서 독특하게 풀이하신 거다. 이 한마디로 유영모 선생의 정신과 사상이 다 드러난다.

다석은 노동자, 농민, 빈민이 오늘의 예수라고 했다. 예수는 그리스도이고 그리스도가 구세주라고 한다. 그렇다면 오늘의 노동자, 농민, 빈민이 구세주라는 말이다. 유영모 선생은 이것을 '짐꾼'이라는 말로 쉽게 설명한다. 그리스도 구세주는 세상의 힘든 짐을 지고 세상을 구해 주는 이다. 한마디로 예수 그리스도는 짐꾼이다. 오늘의 노동자, 농민은 작은 짐꾼들이다. 이 사회와 역사의 무거운 짐을 지는 노동자, 농민이 그리스도이고 구세주라는 말이다. 무거운 짐에는 죄악의 짐도 들어간다. 죄악을 다른 말로 하면 다른 사람을 불의하게 희생시키는 게 아닌가. 사회와 역사 속에서 불의한 희생의 짐을, 세상의 무거운 짐을 누가 지는가. 민중이 진다. 세상의 불의와 죄악의 짐을 지는 민중의 심정과 처지를 이해하지 못하고, 민중의 심정과 처지를 외면하는 종교와 도덕, 인문학은 다 위선이고 진실한 내용이 없는 것이다. 그런 정치와 철학이 무슨 의미가 있겠는가.

유영모 선생은 평생 민의 심정과 처지에서 민을 나라의 중심과 주체로 세우려 했다. 그래서 가난한 민중, 가난한 사람의 삶을 스스로 살려고 했다. 가난한 사람은 가진 게 없다. 사회적인 지위나 재산이나 명예가 없다. 가난한 씨올이 가진 것이 있다면 몸, 맘, 얼밖에 없다. 그래서 유영모는 몸, 맘, 얼을 살리는 데 온 힘을 다한 것이다.

다석 유영모의 천지인합일

유영모 선생님은 바닥에서부터 씨올의 삶을 추구하고 동서고금의 사상을 통합하면서 속에서 '나'를 끊임없이 깨워 일으킨 분이다. 자신을 깨워 일으키다가 천지인합일天地人合—을 체험했다. 이른 아침에 북한산 산마루에 올라가서 하늘을 보다가 머리에서 발끝까지 뚫리는 체험을 했다. 우주적으로는 하늘의 원기와 땅의 기운이 다석의 몸과 맘에서 하나로 통한 것이다. 개인적으로는 몸, 맘, 얼이 하나로 뚫리는 체험을 한 것이다. 몸은 땅에 속한 거고, 마음은 사람에 속한 거고, 얼은 하늘에 속한 것인데 몸, 맘, 얼이 하나로 통하면서 살아나는 체험을 한 거다. 몸은 맘과 얼이 깃든 거룩한 집으로 살아나고, 맘은 몸과 얼이 소통하고 연락하는 자리로 살아나고, 얼은 몸과 맘을 살리는 주체인 '참 나'로 살아난 것이다.

유영모 선생은 15세에 기독교 신앙을 받아들였다. 그 후 동양 철학과 생명 철학을 탐구해서 보편 철학에 이르렀다. 50세에 이르러 다시 기독교 신앙에 들어갔다. 소년 시절에 새로운 믿음을 얻고 청년과 중년 시절에 보편적인 생명 철학을 형성한 다음, 학문과 철학의 높은 경지에서 지천명의 나이인 쉰 즈음에 다시 기독교 신앙을 깊이 체험한다. 기독교 신앙을 깊이 체험하고 나서 2년 뒤에 천지인 체험을 한 다음 다시 《천부경》, 《삼일신고》, 《훈민정음》을 연구하면서 우리글, 우리말의 한국 철학을 새롭게 정립한다. 우리말 우리글 철학, 한국 철학으로 자신의 사상과 철학을 완성한 후 1955년부터는 자신을 불살라 제사 지내는 심정으로 하루하루를 살면서 날마다 일지에 자신의 삶과 생각을 기록했다.

천지인 체험을 한 이후 유영모 선생에게 가장 중요한 것이 무엇인가. 인간은 직립하는 존재라는 생물학적이고 진화론적이고 인류학적 사실이다. 사람은 하늘땅 사이 똑바로 서서 머리를 하늘에 두고 두 발을 땅에 딛고 서는 존재다. 직립 인간이 된 것 자체가 천지인합일을 위해 준비된 것이다. 하늘과 땅 사이에 똑바로 서야 비로소 천지인합일을 체험하고 이룰 수 있다. 다석의 천지인합일 철학은 하늘과 땅과 사람을 하나 되게 한다는 전통적인 사상에 머물러 있지 않다. 전통적인 천지인합일 사상은 다소 정태적인 느낌을 준다. 다석의 천지인 사상은 시간적 역동성을 지닌다. 다석의 천지인 사상에서는 '하늘로 솟아 올라간다', '빈탕한데 들어간다', '앞으로 나간다', '자유롭고 평등하게 된다'는 것이 강조된다. 하늘의 빈탕한데로 들어가서 땅의 매임에서 물질에 대한 욕심과 집착에서 벗어나 자유롭게 되면 마음은 마음대로 자유롭고, 몸과 일은 이치와 물성에 따라 실현하고 완성할 수 있다는 것이다. 그러면 인생과 역사와 사회가 앞으로 나아갈 수 있다는 것이다. 자유와 평등, 역사와 사회의 진보가 강조된다.

씨올철학의 핵심은 '지금 여기' 오늘의 철학이다. 지금 이 순간을 사는 거다. 지금 내게서 천지인합일이 되면, 그 순간 그 자리가 역사와 사회가 새로 창조되는 자리인 거다. 가장 중요한 순간은 지금 여기다. 유영모 선생의 제자 유승국은 대학원생 시절 일주일에 한 번씩 유영모 선생을 찾아가서 무릎을 꿇고 하루 종일 말씀을 들었다 한다. 어떤 때는 말씀을 해주시고 어떤 때는 안 하시고 했다. 그래도 여러 해 동안 계속 유영모 선생을 찾아뵈었다. 유영모 선생이 나중에는 너무 말씀을 안 해 주셨다. 유승국 선생은 말씀을 안 해줌으로써 다석이 침묵을 가르쳐 주셨다고 했다. 그는 본적을 '하늘에 두고 사신 분'이라고 유영모 선생을 칭했다. 유승국 선생은 37

세에 결혼했는데 경기도 이천에서 열린 그 결혼식에 유영모 선생이 가셨다. 1903년생이신 박종홍 교수 등 철학계 원로들이 다 모였다고 한다. 유영모 선생은 1890년생이시니까 다들 유영모 선생 입만 쳐다보고 한 말씀 하시라고 했다. 유영모 선생은 몇 자 글을 써가지고 와서 유승국에게 주면서 "신랑신부 두 사람 오늘 먹은 마음을 오! 늘 잊지 마시오" 했다. '오늘'의 '오'는 감탄사고 '늘'은 '영원히'라는 뜻으로 풀어서 말씀하신 것이다. 몇 해 전에 강연 자리에서 유승국 선생이 다석을 추억하면서 평생 잊지 못할 말씀을 주셨다며 "이런 말씀을 어떻게 잊습니까!" 했다.

유영모 선생은 오늘 지금 이 순간 속에 있는 영원한 '늘'을 붙잡으면 영원한 삶을 살 수 있다고 했다. '늘'을 붙잡고 살면 삶은 '늘늘이' 늘어난다. 삶과 정신이 '늘늘이' 늘어나고 늘어나서 '늘늘이야(닐니리야) 신난다'라고 했다. 씨올의 삶은 지금 이 순간 영원한 생명을 붙잡고 늘어나는 삶을 사는 거다. 삶은 늘어나야지 쪼그라드는 것이 아니다. 유영모 선생의 오늘 철학은 늘어나는 삶의 철학이다. 우리 몸은 겉으로 늙어서 쪼그라들어도 내 속은 늘어나고 커져야 한다.

오늘 이 순간 영원한 '늘'을 어떻게 붙잡는가. '가온찍기'로 붙잡는다. 우리 마음속에 허영, 편견, 욕심, 교만, 근심, 걱정 이런 것이 있으면 마음이 꽉 찬다. 부푼 마음을 모아서 하나의 점을 만들고 그 점의 가운데를 찍어 버리는 것이 가온찍기다. 〈가시나무 새〉

라는 노래에 "내 속엔 내가 너무도 많아"라는 구절이 있다. 내 속에 내가 너무 많으면 마음이 답답하고 쪼그라든다. 어떻게 하면 '늘늘이'로 '늘늘하게' 사는가. 답답한 마음을 하나로 모아 점을 만들고 그 하나의 점을 찍어 버려야 한다. 이렇게 가온찍기를 하면 가운데가 뚫릴 것이 아닌가. 나와 하늘 사이가 뚫린다. 옆으로 이웃과도 뚫린다. 이것이 '줄곧 뚫림'이다. 하나님과 나 사이가 뚫리고, 나와 이웃 사이가 뚫린다. 위와 옆이 뚫리는 거다. 천지인합일이 되는 거다. 이것이 사람이 되는 거다. 참 사람이 되는 거다. 이종재 서울대 교육학과 명예교수가 OECD 선진국 교육의 이념과 철학으로서 다석 유영모의 중용 해석 '줄곧 뚫림'을 말했다. 교육의 목적이 뭔가. 사람이 사람 되게 하는 것이다. 사람이 되는 것은 민주시민, 훌륭한 동료, 훌륭한 부모가 되는 거다. 줄곧 뚫림이 이루어질 때 사람이 되고 사람 구실을 할 수 있다.

그러면 가온찍기와 줄곧 뚫림은 어떻게 할 수 있나. 유영모 선생은 '생각'으로 가온찍기와 줄곧 뚫림을 할 수 있다고 했다. 생각은 사변적인 것이 아니다. 다석에게 생각은 물질과 생명을 삭여서 정신화하고 영화靈化하는 것이다. 물질과 일에 정신과 영, 의미를 불어넣는 것이다. 생각은 '생명의 자각生覺'이다. 내가 나로 되는 것이다. 생각은 신과의 연락과 소통이다. 생각은 생명적인 행위고 영성적인 행위다. 생각으로 나를 불사른다고 했다. 생각으로 나의 존재의 끝을 불태우고 올라가는 것이다. 나를 태워 새로운 나로 태어나는 거다. 생각하면서 내가 '나'가 되는 거다. 근심, 걱정으로 머리를 수그리는 생각은 마귀의 졸개가 되는 생각이다. 나를 불사르면서 내 고개를 하늘로 솟아오르게 하는 생각이 참다운 생각이고 기도다. 나는 2010년에 나눅에서 낸 《씨올사상》 끝머리에 "예수에게 생각은 기도이고 기도가 생각"이라고 썼다. 기도가 생각이고, 생각이 기도다.

지금 기독교인들 기도하는 소리를 들으면 나 잘되게 해달라는 게 전부다. 이것이 무슨 생각이고 기도가 되겠는가. 예수님 기도는 "내 뜻대로 마옵시고 하나님 뜻대로 하옵소서"다. 내 뜻대로 하면 세상도 잘못되고 나도 잘못된다. 나는 내 뜻대로 하고 싶지만 내 뜻대로 하면 안 되는 거다. 그래서 생각하고 생각해서 내 뜻이 뭐고 내 뜻을 넘어서 정말 하늘의 뜻이 뭔지 그 하늘의 뜻을 찾아가고 알아가는 것이 참된 기도이고 생각이다. 하늘의 뜻으로 살아야 세상도 잘되고 나도 잘되는 거다.

창조는 우리의 신앙 고백이다

다석철학을 실천하려면 좀 외롭겠다는 생각이 들 수 있다. 왜냐. 누가 해줄 수 있는 것이 아니라 자기 혼자서 해야 하는 것이라 그렇다. 자기가 스스로 일어서고 스스로 하는 것이니까 외로운 거다. 그러나 천지인합일과 줄곧 뚫림이라는 것은 끊임없는 자기 해방이고, 속에서 혼자 스스로 한다는 것은 하늘과 통하고 이웃과 통하는 거다. 내가 나답게 될수록 더불어 사는 길로 가게 된다. 그런 점에서 홀로 하는 것이면서 온 세상과 더불어 하는 것이다. 가온찍기에서 '늘'을 붙잡으면 늘늘이야 신이 난다. 외롭지 않고 신이 나서 천지만물과 더불어 이웃과 함께 춤을 추게 되는 거다.

신앙체험에 깊이 들어가고 천지인합일 체험을 한 다음에 유영모 선생님은 글씨를 써놓고 춤추면서 강의를 했다 한다. 생명이라는 것은 외로운 것이 아니다. 생명 자체가 더불어 있는 거다. 내 스스로 생명을 자각하면 자각할수록 혼자가 아니다. 스스로 하면 할수록 전체가 되는 거다. 전체 하나인 온 우주와 하나 되는 거다. 이것이 생명이고 해방이다. 하나님께로 나아간다는 것은 가면 갈수록 신날 뿐 아니라 모두가 같이 있게 된다. 홀로 하면서도 더불어 있는 거다. 내가 홀로 해야, 너와 더불어 할 수 있다. 내 속에 나를 가온찍기해서 내 속을 뻥 뚫어 놓으면 홀로 있어도 홀로 있는 것이 아니다. 이웃이 있고 하나님이 있고, 유영모가 있고 동료가 있다.

씨올사상은 기본적으로 진화론과 창조론을 알아야 한다. 몇 해 전에 바티칸에서 교황이 진화론은 자연과학적인 진실이라고 선언했다. 이전까지는 진화론과 창조론을 가지고 뭐가 맞느냐고 고민을 많이 했다. 미국이나 한국의 개신교도 창조론과 진화론을 놓고 선택을 해야 했다. 그러나 사실 이 문제는 지난 2, 3백 년 동안 신학자들이 정리해서 일찍이 결론을 내렸다. 창조론은 자연과학적인 진술이 아니라 신앙 고백적이고 신학적인 진술이라는 것이다. 우주 만물이 허무와 무의미에서 비롯된 것이 아니라 하나님으로부터 비롯되었다고 믿고 고백하는 거다.

자연과학의 우주 기원론과 성경의 창조론 사이에서 선택할 문제가 아니다. 자연과학에서는 우주의 기원에 대하여 과학적으로 여러 가지 가설을 가지고 추론하는 거다. 빅뱅 이론도 가설이다. 하나님이 우주를 창조했다는 신학은 우주와 자연 세계의 기원이 하나님으로부터 왔다고 하는 정신적이고 신앙적인 고백이지 자연과학적인 사실에 대한 규명이 아니다. 창조론은 역사적인 진술도 과학적 진술도 아니다. 그러므로 창조론은 역사학과 자연과학에서 검증할 수 없다.

한신대학교 고 김재준 목사님이 창조론은 신앙고백적인 진술이지 자연과학적인 사실이 아니라고 일제 때 학생들에게 가르쳤다. 신학생들 가운데 이런 가르침을 이해하는 사람이 몇 안 됐다. 그래서 노회가 재판을 열었다. 김재준 목사를 불러다가 "김 목사! 하나님이 창조했다는 성경 말씀을 부정했다고 하는데 그게 사실이오?" 하고 물었다. 김 목사는 "자연과학적인 측면에서 하나님 창조론은 받아들이지 않습니다. 그러나 인간을 구원하는 진리로서 하나님의 창조를 믿고 받아들입니다" 하고 대답했다. 그래서 노회 재판부는 무죄판결을 내고 끝냈다. 그러나 한국전쟁 이후 대구에서 장로회 총회를 할 때 이 문제가 다시 제기되어 큰 소동이 벌어지고 김 목사는 파문을 당했다. 그래서 기독교장로회와 예수교장로회로 갈라졌다.

　　창조라는 말은 어떻게 이해해야 하나? 우주의 맨 처음에 할 아버지 같은 신이 있어서 대장장이처럼 주물럭주물럭 우주를 만들 었다고 한다면 이것은 신화다. 수백억 년 전 우주의 맨 처음을 누가 알겠는가? 자연과학자들이 현재의 과학적 사실들에 비추어 이런저 런 추론을 할 수 있을 뿐이다. 성경에서 말하는 창조는 누가 우주의 맨 처음을 보고서 말하는 것도 아니고, 오늘의 과학적 사실에 비추 어 추론한 것도 아니다. 그러면 신이 세상을 창조했다는 말은 무엇 을 뜻하는가. 우주의 시간과 공간 사이에서 일어나는 모든 일들과 삶, 행위와 생각, 이 모든 것들이 근원적으로 어디서 비롯되고 어디 로 가고 어떻게 이루어지는지 근본적으로 생각해 보자. 우리의 존 재와 삶, 일과 행위는 우연히 된 것이 아니다. 자연과학적인 인과관 계에서 된 것만도 아니다. 도덕적인 인과관계로만 설명할 것도 아니 다. 내가 했다고 할 수도 없고 네가 했다고 할 수도 없다. 나도 아니 고 너도 아니고 우연도 아니고 과학적 법칙도 아니라면 무슨 뜻이 있고 목적이 있어서 된 것이라고 할 수밖에 없다. 뜻과 목적과 섭리 를 생각하면 신을 생각하지 않을 수 없다. 역사와 사회에서 이루어 진 일들, 너와 나와 그 사이에 일어난 일들을 깊이 생각한 결과 성경 의 신앙인들은 신에 의해서 된 거라는 체험적 깨달음에 이른 거다.

　　내가 누구냐. 지금 이 순간에 신이 나를 창조하는 거다. 내가 나 되게 하는 것은 내가 하는 거지만, 나의 나다운 뿌리는, 나의 이성과 얼은 내가 만들었다고 할 수 없다. 자연과학적인 인과관계나 도덕적인 인과관계의 설명으로는 내가 누구인지 알 수 없다. 이성과 영혼을 가진 나의 생각과 행위의 뿌리, 세상 일의 뿌리와 근거를 물질에서는 찾을 수 없어서 헤매다가 만나는 영적 존재를 하나님이라 하고 결국 이 모든 일은 '하나님이 하시는 거'라고 고백하는 것이 하나님의 섭리와 창조를 받아들이는 거다.

하나님이라는 말을 쓰기 싫으면 유영모, 함석헌 선생님처럼 전체 하나의 생명이 조화를 이루어 우리가 움직이는 거라고 해도 좋다. 우리가 살고 행동하는 것이 인격적인 뜻이나 움직임이 있어서 이렇게 하는 거다 하면 우리가 힘이 나고 의미가 있고 미래를 기약할 수 있다. 실제로 진실하게 생각해 보면 나의 삶과 일이, 만남과 사건이 하나님의 도움과 힘으로 된 것으로 체험하고 깨닫고 고백하게 되는 경우가 많다. 미국인 신부 정일우와 빈민운동가 제정구가 어떻게 만났나. 두 사람의 인연과 사회·역사적 인과관계를 따지면 여러 가지 얘기가 나올 거다. 그러나 아무리 그런 설명을 나열해 봐야 제정구과 정일우가 만난 참된 계기와 원인과 의미와 목적을 제시할 수 없다. 시원한 답이 안 나온다. 결국 하늘의 뜻이 있어서, 하늘이 제정구와 정일우의 마음을 열어서 하나님이 두 사람을 만나게 하신 거다 하면 그게 창조신앙을 갖는 것이다.

나무 한 그루, 풀 한 포기, 들꽃 하나를 놓고도 자연과학적으로, 생물학적으로 온갖 설명을 할 수 있다. 그러나 그런 모든 설명으로도 나무나 풀의 존재의 깊이와 목적이 다 설명되는 것은 아니다. 신이 창조했고 지금도 신이 창조한다고 믿을 때 비로소 그 존재의 깊이가 드러나서 나무 한 그루와 나, 나무 한 그루와 우주 전체가 뜻과 목적을 가지고 다가오게 된다.

유영모는 삶의 철학자다

유영모의 씨올사상을 네 가지로 정리해 보자. 첫째는 동서 문명의 만남과 민중의 깨어남이다. 둘째는 씨올의 발견인데, 씨올이 오늘의 예수이고 어버이다. 셋째는 천지인합일 체험과 철학인데, 천지인, 몸, 맘, 얼과 진화론을 통합하여 직립 철학과 결합시켰다. 넷째는 지금 여기의 가온찍기와 줄곧 뚫림의 생각 철학이다.

씨올사상은 실천적인 사상이다. 다석이 주체인 '나'의 깊이를 파고들어 '얼 나靈我'에 이르려 한 것은 참된 삶과 실천의 주체를 확립하기 위한 것이다. 실천을 강조하면 할수록 실천하는 주체가 바로 서야 한다. 주체가 바로 서지 않으면 바른 실천이 되지 않는다. 정신적이고 영성적인 깊이가 없으면 제대로 된 실천이 나오지 않는다. 이것이 씨올사상의 기본 전제다. 실천한다고 하면서 정신적이고 사상적인 것을 무시하는 것도 잘못이고, 너무 '얼 나'만 강조하면서 실천을 약화시키는 것도 잘못이다. '실천'과 '얼 나'가 통합되어야 한다. '얼 나'가 깊으면 깊은 만큼 제대로 된 실천이 나오고, 실천을 한 만큼 '얼 나'가 깊어지는 거다.

유영모 선생은 삶의 철학자였다. 도쿄에서 대학 입학 준비 과정을 마치고 대학에 가는 것을 진지하게 고민하였다. 당시 일본의 교육이념과 목적은 부국강병과 입신양명이었다. 대학 공부의 목적은 출세해서 힘든 일은 남에게 시키고 편하게 살자는 것이었다. 유영모가 보기에 이것은 진실한 삶이 아니었다. 이마에 땀 흘려 일해서 먹고 가난한 이웃과 사랑으로 나누는 것이 진실한 삶이었다. 대학 가는 것이 반민중적이고 진리의 삶에 어긋난 것이라면서 유영모는 대학 진학을 포기하고 평생 농사지으며 살기로 결심했다. 그리고 농사지으러 들어갔다. 자식 3대까지는 농사를 짓겠다고 해서 자식들까지 대학을 안 보냈다. 그 자식들이 얼마나 가슴이 아팠겠는가. 그중 맏아들 유의상 씨는 머리가 비상했다. 중학교까지 나왔지만 영어를 잘해서 통역가로 뛰어난 자질을 보였다.

1980년대에 미국 퀘이커 협회가 함석헌 선생을 노벨 평화상 후보로 추천했다. 함 선생을 알리기 위해서 함석헌 선생의 《뜻으로 본 한국역사》를 영역하기로 했다. 미국 서부 구석에 살던 유의상 씨를 함 선생이 번역자로 지명했다. 번역 문제로 의상 씨가 함 선생과 만났는데 책 얘기는 묻지도 않고 이틀 밤을 새면서 "우리 아버지는 어떤 사람입니까?" 하고 묻더라는 거다. 함 선생님이 친절하게 "선생님은 이런 분이셨다"라고 얘기해 주니까 그제야 마음에 맺힌 것이 풀리고 위안을 얻었다고 한다. 얼마나 한이 맺혔으면 그랬 겠는가. 유영모 선생은 총칼 들고 독립운동을 하지는 않았지만 글 을 쓰고 가르치고 가난한 씨올의 삶을 삶으로써 진실하게 살고 사 랑과 정의를 실천했다.

　유영모와 함석헌은 예수, 공자, 노자와 소크라테스를 본받아 살려고 힘쓴 분들이다. 하늘 생명의 씨알맹이인 이성과 영성을 싹 틔워 살려고 온 힘을 다했다. 우리는 유영모와 함석헌, 예수의 삶을 흉내 낼 수도 없고 흉내 내려고 해서도 안 된다. 다만 우리도 그들 을 따라 하늘 생명의 씨알맹이를 싹 틔워 꽃 피고 열매 맺으려고 힘 써 살아야 한다. 내가 씨올임을 자각하고 씨올이 되어 씨올로 살려는 사람에게는 씨올사상이 결코 어렵지 않다. 몸을 성하게 하고 맘을 편하게 하고 얼을 뜨겁게 태우는 일은 남의 일이 아니라 내 일이다. 씨올이라면 누구나 따라야 할 가르침과 길을 씨올사상은 보여 준다.

　씨올사상은 한 마디로 하늘을 품고 살자는 것이다. 이것이 어 렵다고 하면 한없이 어렵다. 하늘에 닿는 것이 얼마나 어려운가. 그 렇지만 우리는 하늘을 머리로 접하며 살고, 그 하늘이 내 마음속에 열려 있다. 내 맑은 지성과 깊은 영성 속에 하늘이 깃들어 있다. 내 가 하늘 생명의 씨올이다. 하늘 생명의 씨알맹이를 품은 나를 사랑 하고 나를 가다듬고 내 속에서 나를 발견해 가고 자꾸 일으켜 세우 는 것은 누구나 할 수 있다. 이것을 안 하면 사람이 아니다. 사람이 라면 당연히 할 수 있고 해야 하는 거다.

3장

생각하는 백성이라야 산다
씨을사상과 함석헌

함 선생님이 태어난 곳은 사자獅子섬 또는 사점이라는 마을이다. 압록강이 흐르다가 서해에 이르는 어구에 있는 작은 섬이다. 이 섬은 몇 세기 전에 육지와 이어졌다. 왜 사자섬이라고 했나. 옛날에는 혈穴 자리를 봤다. 풍수를 보는 사람이 전해 오는 말로는 그 섬의 높은 산에 사자앙천혈獅子仰天穴이라는 혈 자리가 있는데, 천하에 다시 없는 고귀한 자리라고 했다.

본래 동아시아는 호랑이가 많고, 호랑이가 높은 기상과 용맹을 나타냈다. 왜 사자 이야기가 나왔는지는 모른다. 사자가 하늘을 향해 울부짖는仰 것은 함 선생께서 독재정권에 맞서 온몸으로 부르짖었던 것을 연상시킨다. 본래 함 선생님의 성품은 착하고 평화로웠다. 그는 내성적이고 아주 여린 사람이었다. 초등학교 때 함 선생님은 똑똑했고, 보통 때는 말도 잘하고 글도 잘 쓰는 아이였다. 그러나 학교에서 웅변대회를 하면 자기보다 평소에는 못나 보이는 동무들도 나가서 곧잘 웅변을 했는데 함 선생은 오금이 저려서 남 앞에서 웅변을 못했다고 한다. 그 예민하고 여린 마음속에 사자앙천혈이 자리를 잡고 하늘을 우러르는 사자의 마음이 깃들었던 것이 아닐까. 어릴 때 받는 사소한 자극이나 영향이 일생을 좌우할 수 있다. 어린 함석헌의 부드럽고 깊은 마음 밭에 하늘을 우러르는 사자와 같은 용감한 의지나 의식이 씨앗으로 심겨진 것이 아닌가 싶다. 알게 모르게 함석헌의 삶 속에서 그 씨앗이 싹터서 크게 자라난 것이다.

바닷가에서 나고 자란 함석헌은 '바다'와 같다. 함 선생의 시와 글들에 바다 얘기가 자주 나온다. 함 선생의 정신과 사상, 삶과 실천은 넓은 바다처럼 역동적으로 출렁거리며 모든 것을 끌어들여 합류시킨다. 바다는 모든 강물들을 받아들여서 한통치게 한다. 중국의 강물과 한국의 강물이 흘러드는 황해처럼 함 선생은 몸과 마음을 열어서 동서양의 생명과 정신의 두 강물을 온전히 받아들였다. 함 선생의 정신과 사상은 바다와 같은 느낌을 준다. 바다는 겉으로 보면 가만히 있는 것 같지만 역동적으로 출렁이고 있다. 혼란스럽고 한없이 깊다. 함 선생의 글을 보면 정말 깊은 바다를 들여다보는 느낌이다.

함석헌과 유영모는 사제 관계였지만 비슷한 시기에 비슷한 생각을 가지고 사셨던 쌍생아 같은 분들이다. 두 분은 같으면서 다르다. 하늘을 향해 곧게 서서 하늘을 우러르며 하늘로 솟아오르려 했던 유영모 선생은 산과 같은 분이다. 유영모 선생은 종로에서 나서 평생 산을 보며 사셨다. 사십 넘어 중년에 이르러 삼각산 아래 세검정에 사시면서 산을 우러르고 산을 생각하며 사셨다. 그리고 글을 보면 산 얘기가 자주 나온다. 산은 하늘로 오르기 위해 우뚝 솟아 있다. 산꼭대기는 하늘을 우러르고 그리워하는 자리다. 유영모 선생은 산처럼 하늘을 우러르며 살았다. 유영모 선생님의 사상은 끊임없이 솟아올라서 하늘에 닿자는 거다. 하늘을 이고 하늘로 올라가자는 것이 산이다. 하늘을 머리에 이고 하늘로 솟아오르는 것이 사람의 본분이고 사명이다.

함 선생은 평안북도 북서쪽 끄트머리에서 태어나서 자랐다고 했는데 그곳은 중국과 우리나라가 소통하는 길목이다. 우리가 사신을 보내면 그 길로 가야 한다. 부근에 위화도가 있다. 중국 문물과 사신도 거기를 지나 우리나라로 온다. 압록강에 많은 하중도河中島들이 분포하는데 거기가 중국과 소통하는 요충지다. 최근 중국과 북한 사이에 위화도·황금평·나선지구 개발을 합의했다.

함 선생이 나서 자랐던 20세기 초는 어떤 시대인가. 서양 세력과 문물이 침입해 들어와서 중국이 크게 요동치고 중국으로부터 서양의 새로운 문물이 조선까지 들어오는 시대였다. 또 함경도는 말할 것도 없고 평안도는 조선왕조에서 소외된 지역이다. 경기와 삼남지방에 양반과 고관대작들이 많이 살았고, 한양 이북은 문화·정치적으로 소외되고 박대당하던 곳이다. 예수가 살았던 갈릴리도 정치·경제·종교·문화적으로 소외된 곳이었다. 이방의 땅이요 변방 땅이었던 갈릴리에서 새 역사, 새 종교 운동이 일어났다.

중앙정치권에서 멀리 떨어진 평안도 서북지역에는 양반, 상놈의 차별이 비교적 없었다. 함 선생은 어린 시절 종을 본 적이 없었다고 한다. 함 선생의 마을에서 큰 지역으로 나가야 종을 부리는 대갓집이 있었다. 함 선생이 살던 마을은 민초들이 사는 서민적인 곳이었다. 그러니까 오히려 서양 문물을 잘 받아들일 수 있었다. 기존 양반 문화가 강력하게 버티고 있으면 새로운 서양 문물을 받아들이기 어렵다. 박대받고 소외된 지역이니까 문을 활짝 열고 서양의 새 문물을 받아들였다.

이 시기에 한국인은 나라 잃은 식민지 백성의 고통 속에서 서양 문화를 깊이 받아들일 수 있었다. 특히 평안도 서북지역의 농민들이나 지역 유지들이 자유로운 정신을 가지고 주체적으로 서양 문화를 받아들였다. 이때 받아들인 서양 문화의 핵심은 민족주의, 기독교 신앙, 신학문과 과학적 사고다. 당시 조선 사회의 정신적 풍토를 지배한 것은 중국에 대한 사대주의, 봉건적인 신분계급 질서, 미신적 숙명론 이렇게 세 가지였다.

당시 민족주의는 중세의 봉건적 신분질서를 타파한 민주적 국민국가주의를 뜻하므로 민주주의를 내포한 것이었다. 기독교를 위시해서 민족주의가 들어와 사대주의에 맞서고 신분계급 질서에 맞섰다. 신학문과 과학이 들어와 숙명론적 미신을 타파했다. 기독교 신앙은 한 사람 한 사람 영혼을 그 속 깊이에서 쇄신한다. 기독교는 한 영혼이 온 천하보다 귀하다고 하면서 회개하라고 했다. 서양에서 들어온 이 모든 것이 당시 한국 사람에게는 새로운 것이었다. 민족주의, 민주주의, 과학주의, 영혼과 정신을 새롭게 하는 기독교 정신이 한꺼번에 들어왔다. 함 선생님은 어릴 때부터 이 네 가지를 잘 받아들였고 민중의 삶과 정신을 함께 느끼며 살았다.

뜻으로 본 한국 역사는 고난의 역사

민족주의·과학주의 기독교는 사람을 주체로 만든다. 사대주의는 자립정신을 잃은 거고, 신분계급 질서는 삶의 자유가 없는 거고, 미신적인 숙명론은 자유정신이 없는 거다. 그런데 서양에서 들어오는 새 문명을 제대로 받아들이니까 민중들이 매우 주체적으로 되었다. 어쩌면 서양에서는 민족국가주의도 신학문도 기독교도 단물이 다 빠진 찌꺼기 같은 것이었는지 모른다. 이미 민족국가주의는 제국주의 식민쟁탈전을 벌이며 자살적인 전쟁으로 몰려가고 있었고, 학문과 철학은 생명력을 잃고 공허하고 난해한 사변에 빠져서 자연 생명과 공동체를 이해하지 못하게 되었다. 기독교도 도덕과 정신의 힘을 잃고 세속화되어 부와 권력의 달콤한 잠에 빠져 있었다. 서양에서는 찌꺼기 같은 민족주의, 과학주의, 기독교였지만 이것이 사대주의, 신분질서, 숙명론에 빠졌던 한민족에게는 오랜 역사의 잠을 깨우는 각성제가 되고 새 바람이 되고 든든한 구원의 밧줄이 되었다.

서구의 민족주의, 과학주의, 기독교 신앙을 받아들여 한민족이 사대주의, 신분질서, 숙명론의 잠에서 깨어났다. 이러한 역사의 흐름과 자각 속에서 함 선생님이 30대 초반에《성서적 입장에서 본 조선역사》를 썼다. 1961년에《뜻으로 본 한국역사》로 이름을 바꾼 이 책은 길이 남을 명저가 되었다. 고난의 민족사를 기독교 정신과 시각으로 해석한 이 책을 통해 우리 민족, 우리 민중의 고통스러운 삶과 역사가 서양 정신문화의 핵심인 성경(기독교)과 합류한 거다. 고난은 정신과 문화의 깊은 바닥을 드러낸다. 한국 역사를 고난의 역사로 봄으로써 한국 역사의 정신문화적 바닥이 드러났다. 십자가 고난을 중심으로 봄으로써 기독교와 성경의 정신적 바닥이 드러났다. 동양과 서양 역사의 가장 밑바닥에 흐르는 정신적인 강물이 합류해서 나온 것이《뜻으로 본 한국역사》다. 어느 것이 주체이고 어느 것이 종인지 말할 수 없다. 기독교가 주체이고 우리 민족은 종인 것도 아니고, 우리 민족이 주체이고 기독교는 변두리에 있는 것도 아니다. 이 책은 철저하게 기독교 고난사관의 관점에서 씌어졌고 철저히 한민족의 주체적인 관점에서 씌어졌다. 철저하게 한국적인 정신의 핵심이 철저하게 기독교적인 정신의 핵심과 만난 결과다.

이 책 하나 속에 동서 정신문화의 강물이 합류하고 있다. 조선의 민중 역사와 기독교 성경의 신앙 역사가 그 중심에서 합류하고 있다. 그 두 가지 큰 흐름이 제대로 합류하도록 했다는 것은 함석헌 선생이 고정관념과 편견을 가지고 이 책을 쓰지 않았다는 것을 말해준다. 자기를 비우고 열어 놓았기 때문에 동서 정신문화의 두 강물이 제대로 합류했다. 기독교 관점을 중심에 놓고 쓰다 보면 조선 민중이나 조선 역사 자체가 거기 종속되기 쉽다. 또 애국주의나 민족주의적으로 우리 민족이 중심이라는 관점으로 쓰면 기독교는 일종의 조명장치밖에 안 된다. 이 책은 철저히 성경적이고 철저히 한국적이면서 정신적 깊이가 있고, 높은 이상과 보편적 설득력을 지니고 있다. 한 사람 한 사람의 실존의 깊이를 파고들어 갈 뿐 아니라 민족의 역사와 아픔을 구구절절 드러내서 민족의 정신력과 생명력을 살려 내고 있다. 또 민중의 밑바닥 삶을 깊이 보고 민중을 주체로 세운다. 그러면서도 민족을 넘어서 세계평화의 미래상을 제시한다. 이 책 속에 실존적이고 민족적이고 민중적이고 세계평화적인 네 가지 차원이 동시에 들어 있다.

이렇게 복합적이고 중층적인 내용이 종합된 역사책에 대해 전문적인 역사학자들은 매우 곤혹스러워한다. 좋은 책이지만 학문적으로는 평가하기 어렵다는 거다. 학문적으로 평가하려면 하나의 관점을 가지고 평가해야 하는데 이 책은 하나의 관점에서 쓴 책이 아니다. 이 책에는 여러 개의 관점이 살아 있다. 동시에 여러 관점에서 역사를 서술하면 역사학자들은 학문적으로 받아들이기 어렵다. 이것은 적어도 네 개의 관점을 가지고 쓴 책이다. 어떤 자료나 책을 읽고 정리해서 썼다고 하면 이런 책을 쓸 수 없었을 것이다. 이 책은 단순히 지나간 역사를 서술한 것이 아니다. 함석헌 선생은 역사 속에서 생명과 얼과 뜻을 보고 자신의 생명과 얼과 뜻을 녹여서 책을 썼다. 그는 이 책을 머리가 아니라 몸과 가슴으로 썼고, 마음으로 혼으로 얼로 썼다. 몸과 마음과 얼로 쓴 이 책은 지금도 많은 독자들에게 사랑받고 있다. 80년 전에 쓴 책이 지금도 대중의 마음을 움직인다.

역사와 문화의 큰 흐름을 온통 받아들여서 이런 위대한 책을 쓴 것은 어쩌면 함 선생님이 모범생이 아니었기 때문인 것 같다. 모범생은 언제나 바르게 처신하고 자신을 반듯하게 지키려 하는데 그런 사람은 바깥세상과 크게 하나로 될 수 없다. 함석헌 선생은 다른 학생들보다 두세 살 늦게 평양고보에 들어갔다. 나라가 망했는데 공부만 열심히 하면 뭔가 창피하다는 생각이 들어서 공부에 전념하지 않았다. 공부만 열심히 하는 사람들을 답답하고 우습게 여기는 마음이 있었다고 한다.

함 선생은 민족의식이 있었기 때문에 일제가 운영하는 학교에서 공부에만 열심을 내는 모범생이 될 수 없었다. 일본에서 동경고등사범학교에 다녔는데 동경고등사범학교(동경고사)는 수재들이 다니는 학교였다. 당시 오산학교는 인가난 정규학교가 아니어서 대학 예비과정을 공부하고 자격시험을 치러야 했다. 동경에서 1년 동안 집중해서 공부하여 동경고사에 합격한 함 선생은 동경에서 기차로 두 시간 걸리는 곳에서 우치무라 간조가 성경을 가르치고 있는 곳에 매주 갔다. 또 선생은 타고르, 간디, 종교서적, 서양 시인·사상가들의 글을 보는 것을 좋아했다. 고려대 조광 교수가 함 선생을 연구하면서 동경고사 학적부 자료를 조사하다 보니 졸업석차가 6등이었다. 공부를 잘하신 거 같아서 학적부를 뒤져 보니 졸업생이 여섯 명이었다. 함 선생님이 공부에만 매달리는 모범생은 아니었던 거다.

하늘과 직접 통하는 씨올들

함 선생은 고난의 역사 속에서 민중 씨올을 발견한 사람이다. 민중 씨올의 삶과 고난에서 생의 진리를 발견하고 평생 그 진리를 보물처럼 가슴에 품고 그것을 강조하며 그 깨달음을 실천에 옮긴 분이다. 함 선생은 자신의 삶 속에서 민주적인 생의 진리를 발견했다. 함 선생님이 어려서 잘 생겼으니까 동네 젊은 부인들이 나도 저 집의 애놈 같은 잘생긴 아들을 낳았으면 좋겠다고 했다. 애놈은 맏이를 가리키는 말이었다. 그렇게 맏이로 잘났으니까 할머니, 할아버지, 어머니, 아버지가 얼마나 귀하게 여기고 예뻐했겠는가.

그런데 생긴 것도 모자라 보이고 머리도 부족해 보인 여동생 하나가 있었다. 함 선생이 어릴 적에 텃밭에서 오이를 보고 따 먹으려다 아직 작아서 며칠 있다가 따 먹으려 남겨 두었다. 어느 날 오이를 따 먹으려고 보니까 이미 누가 따 먹었다. 누가 따 먹었나 알아보니까 그 못난 여동생이 따 먹었다. 함 선생이 화가 나서 "내가 먹으려던 것을 왜 네가 먹었냐!"라며 막 야단을 했다. 함 선생은 당연히 어머니가 자기편을 들어 줄 거라고 믿어 의심치 않았는데 옆에 계시던 어머니가 목소리를 가다듬고 아주 나직하게 무거운 음성으로 "얘, 그것은 사람이 아니라든" 하셨다.

어려서 내성적이기도 했던 함 선생이 그 말을 듣고 충격을 받았다. 당연히 오이는 자기 차지라고 생각했고 어머니가 자기편을 들어 주고 누이동생을 야단칠 줄 알았는데 그게 아니라 누이동생을 편들고 자기를 혼내니까 그때 혼쭐이 나서 가부장적인 특권의식이 다 깨져 버렸다는 거다. 함 선생이 나이 70, 80이 되었을 때도 내 마음에 민주주의 토대를 놔준 분은 어머님이라면서 지금도 그 말씀이 쩌렁쩌렁 내 속에서 울리고 있고 평생 울릴 것이라고 했다.

3·1운동 당시 고향 친척 형인 함석은이 평안도 책임자로 왔다. 함석은의 지시로 함 선생은 평양고보 학생들을 조직하고 동원하는 일에 앞장섰다. 그날 기마 순사들이 총칼을 들이댔지만 태극기를 들고 맨가슴으로 맞서면서 민중과 함께 싸웠는데 평생 그때처럼 신나는 경험은 없었다는 거다. 그때 민중과 어깨를 함께하고 독

립만세 운동을 하면서 민중과 하나 되는 체험을 했다. 그래서 함 선생은 민중의 약점을 누구보다 깊이 알면서도 민중에 대한 신뢰와 민중과 함께 살려는 마음을 버리지 않았다. 그는 평생 민중에 대한 깊은 신뢰와 애정을 지니고 살았다.

함 선생은 민중과 씨올을 그렇게 앞세우며 민중을 위해 싸웠으면서도 제정구 선생이나 정일우 신부와 달리 민중 속에 들어가 민중과 함께 살지는 못했다. 수염 길게 기르고 한복 곱게 차려입고 머리도 단정히 하며 사자후獅子吼로 민중을 얘기했지만 민중과 함께 뒹굴며 살지는 못했다. 그래서 함 선생이 제정구 선생을 만났을 때 "내가 제 선생보다도 못하지, 한참 못해, 나는 민중 속에 들어가 살지는 못하잖아" 이런 얘기를 여러 번 하셨다. 유영모 선생도 민중 속에 들어가서 민중과 하나로 사신 것은 아니다. 그렇지만 유 선생이나 함 선생은 평생 농사를 지으려 했고 민중의 마음으로 살았다.

일본 당국이 일본어 수업을 강요하자 함 선생은 38세 때 오산학교를 그만두게 되었다. 그 후 1년씩 두 차례 감옥 생활을 한 다음 농사지으러 고향에 왔다. 말이나 풍모가 엘리트 지식인인 데다 감옥을 들고난 전력이 있으니까 동네 농부들이 함 선생을 가까이 하려고 하지 않았다. 함 선생은 농부들과 친구 하고, 같이 농사지으며 농사도 배우고 싶은데 마을 농사꾼들이 다 피한 거다. 음담패설이나 욕설을 할 줄도 모르니 어떻게 어울렸겠는가. 아버지가 살아 계실 때만 해도 동네사람들이 사랑방에 가득했는데 자기가 오니까 아무도 찾아오지 않았다는 거다. 함 선생은 수염도 기르고 옷차림이나 신발도 농사꾼처럼 하고 다녔는데도 농부들과는 어울리지 못했다.

함 선생은 해방되고 나서 민중과 하나 되는 감격을 다시 맛보았다. 해방되던 날 함석헌은 밭에 거름을 주고 있었다. 누이의 아들이 읍내에서 달려와 해방의 소식을 알렸다. 지역사람들이 해방을 축하하는 모임을 준비하며 함 선생을 모셔 오라고 그를 보낸 것이다. 함 선생은 "나는 나대로 축하를 할 터이니, 모인 분들끼리 축하하시라고 하라" 그러고는 거름을 마저 주었다. 다시 그가 달려와서 지역 사람들이 "꼭 오셔야 한다" 해서 나갔다가 면자치위원장, 다시 군자치위원장으로 추대되었다. 나중에 평안북도 문교부장이 되었다. 군자치위원장으로서 말 타고 다니면서 민중의 뜨거운 열정과 감격을 경험했다. 오랜 세월 함께 고난 당하다 함께 해방을 맞으니 민중의 감격이 매우 컸다.

해방의 감격 속에서 사람들이 자기를 잊고 전체가 하나로 되었다. 민족 생명의 큰 바닷속에서 민중이 한통이 되어 움직였다. 많은 사람들이 몰려와서 "함 선생님을 뵙고 싶었다, 존경한다" 했다. 그때의 민중들은 나라를 위해서라면 눈도 뽑을 기세였다. 그걸 보고 함 선생은 민중에 대한 한없는 고마움과 무한한 신뢰를 갖게 되었다고 한다. 민중이 어떤 때는 깍쟁이 같고 비겁해 보인다. 민중에게 여러 모습이 있지만 그것은 그때그때 상황이 빚어내는 모습이고,

민중의 속마음은 바다 같다는 거다. 함석헌 선생은 민중의 본성을 '생명의 바다'라고 했다. 민중은 생명의 바다다. 민중의 바다는 한없이 깊고 한없이 넓다.

해방 후의 현실에 비추어 보면 역사와 사회를 망치는 것은 지식인과 정치인이다. 해방 후 민중은 큰 감격 속에서 나라를 위해 하나로 일어섰는데, 이념과 당파조직을 앞세운 지식인과 정치인이 민중을 분열시키고 나라를 갈라놓았다. 함석헌 선생에 따르면 이때 한국 정치와 사회가 근본적으로 잘못되었다. 개인과 집단의 이익과 야심을 위해 지식인과 정치인은 서슴없이 나라를 망칠 수 있다. 사적 이익을 위해 나라를 망치는 지식인과 정치인의 선전과 구호에 민중은 잘 속기도 한다. 그러나 민중이 나라의 주체이고 토대이기 때문에 나라가 잘못되면 고통을 받는 것은 민중이다. 나라가 민중이고 민중이 나라다. 잘못된 나라와 역사를 민중은 언제나 바로잡을 준비가 되어 있다. 나라와 역사의 잘못은 결국 민중의 문제이고 민중의 책임이기 때문이다.

민중이 나라와 역사의 주체이자 주인임을 자각하고 실천하려면 자신의 삶의 뿌리가 하늘에 닿아 있음을 깨달아야 한다. 민주民主가 되려면 천자天子가 되어야 한다. 민중 한 사람 한 사람이 하늘의 아들이고 딸이다. 하나님의 자녀다. 사람이 하늘의 아들과 딸이니 사람은 하늘의 씨앗이다.

일제시대 서울 YMCA 총무였던 이상재는 늙은 나이에도 젊은이들과 어울리며 우스갯소리를 잘했다. 어느 날 종로를 걷다가 후에 초대 대법원장을 지낸 김병로의 아들이 지나가는 것을 보고 큰 소리로 "김병로 씨! 김병로 씨!" 하고 불렀다. 김병로의 아들이 돌아보니 이상재가 자기 아버지 이름을 부르며 다가왔다. 화가 나기도 하고 당황스럽기도 한 김병로의 아들은 "선생님, 벌써 노망나셨습니까? 왜 저보고 제 아버지 이름을 부르십니까?" 하고 따져 물었다. 그러자 이상재는 "아니, 네가 김병로의 씨지 그럼 누구의 씨란 말이냐? 젊은 사람이 대들 줄도 알고 그럼 됐다" 하면서 웃었다는 것이다. 아들은 아버지의 씨다. 하늘의 아들인 사람은 하늘 생명의 씨다.

함 선생은 씨올사상을 통해서 민이 하나님의 자녀이고 하늘 생명의 씨앗임을 밝혔다. 씨올 속에 하늘 생명, 영이 깃들어 있다. 씨올과 하늘이 직결되어 있다. 역사의 씨올인 민중도 하늘(하나님)과 직통하고 직접 만난다. 예배당, 성직자, 예배의식, 교리 이런 것들은 다 민중 씨올들과 하나님 사이를 가로막는 껍데기다. 껍데기는 씨올이 아니다. 그런 것을 다 제쳐 놓고 하나님과 민중이 직통하게 하는 것이 민중을 살리고 주체로 세우는 거다.

하늘과 직접 통하는 씨올이 어버이다. 함 선생은 탐욕과 야심을 위해 전쟁을 벌이고 삶의 터전을 파괴하고 짓밟는 이른바 영웅과 장군, 왕과 엘리트들이 철부지 어린애들이고, 고난과 희생을 무릅쓰고 농사지어 세상을 먹여 살리는 민이 어버이라고 했다. 민은 생명을 살리고 키우는 존재다. 장군이나 왕이나 지식인 엘리트들은 생명의 관점에서 보면 하찮은 것들을 가지고 싸우는 철부지들이다. 민중은 이름이나 명예를 가지고 싸우는 법이 없다.

왕과 장군들은 땅따먹기, 자리다툼, 이권 싸움을 하느라고 끊임없이 전쟁을 벌인다. 왕과 장군들이 철부지 어린애들처럼 땅따먹기 전쟁을 벌여 생명과 평화의 동산을 폐허로 만든다. 철부지들이 짓밟아 폐허가 된 생명동산을 다시 평화의 동산으로 일구는 것은 어버이 같은 민중이다. 민중은 어리석어 보이지만 묵묵히 땅을 갈고 농사짓고 길을 내고 집을 짓는다. 민중이 평소에 하는 일이 어버이가 하는 일이다. 작은 이해 다툼 때문에 전쟁을 벌여 세상을 망치고 많은 사람을 죽음에 이르게 하고 생명동산을 마구 짓밟는 것은 철부지들이 하는 짓이다. 철부지 같은 자식들이 망쳐 놓은 세상을 어버이 같은 민중 씨올들이 다 복구시킨다. 생명과 평화의 동산을 복구시키는 것은 민중이다.

아마 지식인 엘리트들처럼 생각하면 농민들이 여러 번 파업을 했을 거다. 농사 3년만 안 지어 봐라. 누가 먼저 죽겠는가. 농민들은 천하 사람들을 자식들처럼 생각해서 농사지어 먹여 주는 거다. 청소부가 어버이 같은 마음을 품지 않으면 어떻게 날마다 깨끗이 쓸고 닦겠는가? 하루하루 힘겨운 삶을 사는 민중이 한없이 성숙한 삶을 사는 거다.

몸과 마음, 하늘땅 사이에 곧게

　함 선생은 직립하는 인간을 강조했다. 제정구 선생 결혼식 주례사에서도 사람은 꼿꼿이 일어나 있어야 함을 강조했다. 사람은 누워 있는 것보다 앉아 있는 것이 낫고 앉아 있는 것보다는 서는 것이 좋다며 직립을 강조했다. 이것이 씨올사상의 핵심이다. 몸과 마음을 하늘땅 사이에 곧게 하는 것이 사람이 바로 되는 것이고 주체가 되는 것이다. 짐승들처럼 먹을 것이나 좋은 자리를 찾아 땅바닥을 기어 다니기만 하면 사람은 평생 사람 노릇을 하지 못하고 만다. 아무것도 없는 하늘을 향해 일어설 때 비로소 사람은 사람답게 살 수 있다. 직립인간은 하늘과 땅 사이에 곧게 서서 하늘과 땅을 이어 하늘과 땅과 사람이 하나로 되고 천지만물과 이웃과 하나로 되는 존재다. 머리를 하늘에 두고 곧게 선 사람은 하늘을 사귀고 하늘의 자녀가 되어야 한다. 하늘로 올라간다는 것은 몸과 마음과 얼이 하늘과 통하게 하는 거다. 얼이 하늘로 솟아올라 자유롭고 힘이 있어야 이성이 맑아져서 제구실을 한다. 또 맑은 이성이 제구실을 해야 몸(본능)도 제구실을 한다. 몸과 맘과 얼, 본능과 지성과 영성이 뒤엉키면 사람이 사람 구실을 못한다.

　70대 중반에 이른 함 선생은 잠시 지치고 늘어져 있다가도 "내가 사람이 되어야지!" 하면서 벌떡 일어났다고 한다. 사람 되려고 벌떡 일어나는 것이 직립을 강조하는 씨올정신이다. 사람은 죽을 때까지 사람이 되어야 한다. 사람은 완성된 기성품이 아니다. 사람 구실을 하려면 마지막 순간까지 하늘을 향해 벌떡 일어서는 삶을 살아야 한다. 함 선생은 '씨올의 설움'이라는 글에서 민중을 향해 "너는 씨올"이라고 했다. "네 속에 수천 년 민족의 역사가 들어 있고, 수만 년 인류사가 들어 있고, 수천만 년 생명 진화의 역사가 네 속에 다 들어 있다." 그렇다. 내 속에 우주가 들어 있다. 내 속에 생명과 정신의 한없는 보물이 있다. 우리 몸에 수십억 년 자라 온 유전자가 들어 있는 것처럼 우리 마음과 영혼 속에는 우주 생명의 역사가 압축되어 있다. 그렇다면 우리 한 사람 한 사람이 대단한 거다. 예수의 말처럼 한 사람의 영혼이 온 세상보다 존귀하다. 내 속에 숨겨진 생명과 정신의 보물을 찾아내서 잘 쓰기 위해 어떻게 해야 하는가. 내가 나를 찾아야 한다. 참 나는 수없는 '거짓 나들' 속에 묻혀 있다. 내가 나를 찾기 위해서는 '나'를 파야 하고 '나'를 깊이 파려면 생각해야 한다. 내가 나가 되어야 한다. 생각해야 나가 되고 내가 나로 되어야 살 수 있다. 그래서 함 선생은 "생각하는 백성이라야 산다" 했다.

함 선생은 새 역사, 새 종교, 새 문명을 얘기했다. 새 역사, 새 종교, 새 문명이란 무엇인가? 평화의 역사, 평화의 종교, 평화의 문명이다. 전쟁과 폭력, 미움과 분노의 투쟁에서 사랑과 정의의 평화 공동체로 나아가는 것이다. 이것이 생명 진화의 역사를 완성하는 것이고 사람이 사람 되는 것이다.

거듭 얘기하지만 생명 진화의 과정 속에서 사람의 몸이 평화적인 존재로 바뀌고 있는 거다. 지금 사람의 손톱과 이가 약하고 부드럽게 생긴 것은 서로 먹고 먹히는 약육강식의 폭력적인 세계에서 상생공존의 평화적인 삶으로 가는 과도기에 사람이 있다는 것을 말해 준다. 조그만 고양이조차도 발톱과 이빨이 날카로운데 사람의 발톱과 치아는 부드럽고 뭉뚝하게 바뀌었다. 사람의 눈에는 흰자위가 있다. 사람의 눈은 투명하다. 동물의 눈은 다 색깔이 있다. 자기 속을 드러내지 않으려는 거다. 먹이를 공격하려는 의도나 적으로부터 도피하려는 의도를 다 감추려고 하는 거다. 사람의 눈에 색깔이 없다는 것은 적의 위험에도 불구하고 내 속의 깊은 뜻과 생각과 감정을 드러내고 교감하고, 소통하고, 사랑하자는 거다. 사람은 서로의 속에 한없는 보물이 있음을 깨달은 존재다. 그래서 그것을 표현하고 드러내고 싶어서 생각하고 말하는 존재, 소통하고 사귀는 존재가 되었다. 평화는 서로의 속에 생명과 정신의 한없는 보물이 있음을 깨닫고 그것을 함께 나누고 실현하는 것이다.

물론 아직도 사람 때리기를 좋아하는 사람이 있지만 생명 진화와 인류 역사의 큰 흐름은 부드러운 평화 쪽으로 정해졌다. 짐승 버릇을 끝내 버리지 못하면 인류가 망한다. 수십억 년 몸과 마음을 가꿔 온 인류가 망하면 얼마나 아까운가. 사람이 사람답게 사는 길은 생각해서, 말을 해서, 대화를 통해서 평화롭게 문제를 풀어가는 거다. 이것이 생명 진화가 보여 주는 것일 뿐만 아니라 민족

국가의 역사에서 세계 평화의 역사로 크게 전환해 가는 인류 역사의 방향이다.

일제 식민통치를 경험하고 1·2차 세계대전을 겪으면서 함 선생은 평화의 사상과 철학을 깨달았다. 민족, 문화, 정치, 종교 이 모든 것이 결국은 하나 됨을 지향한다는 것을 깨달은 거다. 상생평화의 하나 되는 세계로 가는 것이 씨올의 사명이고 역사다. 비폭력 평화가 인류의 길이고 목적이다. 함 선생에게는 비폭력이 새 문명, 새 종교의 원리다.

함석헌 선생이 말하는 새 종교는 성직자, 예배당, 교리, 예배 의식이라는 껍데기를 다 치워 버리는 종교다. 예수가 말한 것처럼 진리와 영으로 예배하는 종교다. 진리와 영으로 예배하는 것은 어떻게 예배하는 것인가? 진리는 이성의 진리이고, 영은 인간의 영성을 나타낸다. 사람의 이성과 영성 속에 생명과 정신의 한없는 보물이 들어 있다. 진리와 영으로 예배한다는 것은 인간의 이성과 영성을 불태워 하나님을 우러르고 찬미하고 드러내는 것이다. 참된 예배는 이성과 영성 속에 숨겨진 보물을 드러내고 함께 나누어 쓰는 것이다. 그것이 참된 사귐이고 예배다.

예수의 종교는 인간의 이성과 영성에 충실한 종교다. 이성과 영성을 싹 틔워서 하나님과 소통하는 것이 예수의 종교이고, 정신과 생명의 씨알맹이인 이성과 영성에 충실한 씨올의 종교다. 이것이 하나님과 사귀고 참 나가 되는 거고 씨올이 씨올이 되는 거다. 이것이 새 종교다. 성직자, 예배당, 교리, 예배 의식은 예수와 아무 관계가 없다. 예수는 제자들이나 군중과 바닷가에서 산자락에서 둘러앉아 같이 얘기하고 찬미하고 음식을 나눴다. 함 선생은 예수가 몸소 보여 준 민중생활종교가 오늘 씨울의 종교로 새롭게 태어나기를 염원했다. 새롭게 태어나는 씨울 종교는 예수 시대의 민중보다 더 깊이 생각하고 깨닫는 씨울들의 종교일 것이다.

4장

가난한 사람들아 너희는 행복하다
씨울사상과 정일우·제정구

정일우 신부가 낸 책은《정일우 이야기》만 있는 것 같고, 제정구 선생이 쓴 책은《가난뱅이 하나님》등 여러 권이 있다. 이 책들을 보면서 두 분의 삶과 체험이 크게 와 닿았다. 특히《정일우 이야기》를 읽고 생각과 말과 행동이 투명한 분임을 알게 되었고 이분을 꼭 한번 만나 봐야겠다고 생각하던 참에 2011년 10월 초 한 시간 남짓 인터뷰를 했는데 참 보람이 있었다. 판자촌의 가난한 민중과 평생 기쁘고 신나게 살았던 정일우 신부는 성인聖人이고, 가난한 민중과 함께 정의와 사랑의 삶을 불태웠던 제정구는 의인義人이다. 정일우처럼 맑고 투명하게 살았던 사람을 만나기 어렵고, 제정구처럼 뜨겁게 타올랐던 의인을 찾아보기 어렵다. 정일우 신부는 판자촌의 성인이고 제정구 선생은 우리 시대의 의인이다.

맑고 투명하면서 기쁘고 신나게 살았던 성인 정일우와 정의와 사랑으로 뜨겁게 타올랐던 의인 제정구, 빈민 속에서 빈민과 더불어 살았던 성인과 의인 얘기를 하니까 나로서도 의미가 있다. 제정구와 정일우에 대해 공적으로 논의한 사람은 아직 없는 것 같다. 오늘 이야기는 시작일 뿐이다. 앞으로 두고두고 얘기해서 정일우, 제정구의 삶과 정신을 객관적으로 자리매김하고 정리하고 계속 알려야 할 것이다.

나는 씨올사상을 연구하면서 유영모, 함석헌을 공부했는데 이 두 분의 앞에 안창호, 이승훈이 있는 것을 알았다. 민중을 나라의 주체와 토대로 보고 겸허히 섬기며 깨워 일으켰던 안창호와 이승훈은 씨올정신의 역사적 뿌리이자 선구자이며, 씨올사상의 원조다. 이들의 정신과 삶을 이어서 유영모와 함석헌이 씨올사상을 형성했다. 나는 그런 생각을 정리해서 《씨올사상》을 냈다. 그 이후 정일우, 제정구의 책을 읽고 강의를 하면서 새로운 생각이 떠올랐다. 사회의 밑바닥 현장 속으로 들어가서 민중과 더불어 민중의 마음으로 살았던 정일우와 제정구가 씨올사상과 정신의 실천적인 귀결이라고 생각하게 된 것이다. 씨올사상의 정신과 실천을 구성하는 대표적인 인물로 안창호, 이승훈, 유영모, 함석헌, 정일우, 제정구를 꼽고 싶다.

민중을 섬기며 민중에 절하며 민중을 일으킨 안창호와 이승훈은 민족 지도자로서 민중을 섬기는 마음으로 민중을 나라의 주체로 깨워 일으킨 분들이다. 유영모와 함석헌은 민중의 혼 속으로 들어가서 민중의 혼을 주체로 일으켜 세웠다. 그래서 민중의 정신과 혼이 하늘에 닿게 하고, 민중이 하늘과 땅의 주체로 서게 하는 씨올사상과 철학을 다듬어 냈다. 정일우와 제정구는 가난한 민중과 함께 민중의 마음으로 공동체 삶을 살았다. 그 점에서 정일우와 제정구는 씨올사상과 정신을 실천적으로 완성하는 사람들이다. 물론 이들의 삶과 생각이 완전한 것도 아니고, 이들의 실천에 흠이 없다는 것도 아니다. 다만 씨올사상과 정신은 밑바닥 민중현장에서 실천되고 검증되어야 하고, 제정구와 정일우의 삶과 실천은 씨올사상과 정신이 완성되는 길을 보여 준다는 것이다.

안창호·이승훈이 민중을 주체와 주인으로 받들면서 씨올사상과 운동을 시작했고, 유영모·함석헌은 민중의 정신과 사상을 세웠으며, 정일우·제정구는 밑바닥 빈민들의 삶으로 들어가서 빈민들과 함께 빈민의 마음으로 섬김과 나눔의 공동체를 이루며 살았다. 가난한 주민과 함께 공동체를 이루는 데까지 가야 씨올사상과 정신의 그림이 완결된다.

정일우, 제정구와 〈울지마 톤즈〉

정일우 신부 얘기를 했더니 누가 이태석 신부의 영화를 꼭 보라고 권했다. 자기는 그 영화를 보면서 끊임없이 눈물을 흘렸고 그렇게 감동적인 사람을 본 적이 없다고 했다. 나는 〈울지마 톤즈〉를 보면서 이태석 신부의 삶이 매우 깨끗하고 맑고 아름답다고 느꼈다. 그렇지만 이태석은 정일우, 제정구와는 다르다는 것을 분명히 알 수 있었다. 이태석 신부, 마더 테레사, 문둥이와 함께 살다 간 데미안 신부의 삶은 모두 거룩하고 아름답다. 그러나 이들이 민중과 함께 살았던 삶은 정일우·제정구의 삶과 비교하면 평면적으로 느껴진다. 이태석 신부가 하는 일은 뭐든지 아름다운 감동과 변화를 가져왔다. 이 신부가 말하는 것마다, 주는 것마다, 하는 일마다 민중 사이에서 감동과 변화가 일어난다. 모든 일이 감동적이고 거룩하다. 그러나 일방적이고 평면적으로 느껴진다. 주는 이와 받는 이 사이에 아무 장애도 저항도 없다.

1970년대 정일우와 제정구가 살았던 판자촌은 한국 사회의 모순과 갈등이 집약되고 민중의 고통이 압축된 곳이다. 역사, 정치, 문화, 경제의 온갖 모순과 갈등이 분출되는 곳이고, 권력과 민중이 정면으로 부딪치는 자리다. 불의하고 왜곡된 한국 사회와 역사 전체의 무게가 짓누르는 곳이다. 한국 사회의 욕망과 허영, 좌절과 분노가 분출되는 곳이고, 불의하고 억압적인 한국 사회의 무거운 짐을 진 가난한 민중이 상처 받고 신음하며 꿈틀거리는 곳이다. 판자촌은 한국 사회의 시한폭탄을 안고 사는 곳이다. 여기서는 여차하면 권력기관의 압박과 위협을 당한다. 또 여차하면 상처 받은 민중과도 싸워야 한다.

이 시기 한국의 민중은 단순하지 않았다. 삶의 터전에서 뿌리 뽑힌 존재요, 상처 받은 존재였다. 좋은 얘기를 한다고 해서 박수치고 따르지도 않았고, 위로하고 쓰다듬어 준다고 해서 고마워하지도 않았다. 민중끼리도 끊임없이 싸웠고, 제정구, 정일우와 민중 사이에도 갈등이 있게 마련이었다. 그런 점에서 제정구와 정일우의 판자촌 생활은 여느 선교 봉사 활동과는 달랐다. 정일우, 제정구 두 사람이 판자촌 빈민들과 더불어 살았던 삶은 매우 복잡하고 다차원적이다.

사회·문화적으로나 정치적으로 복잡한 상황과 관계 속에서 제정구와 정일우 두 사람은 민중과 더불어 민중을 위한 공동체적 삶을 산 거다. 불의한 우리 사회와 역사 전체의 무게를 짊어지면서 온갖 시련과 좌절 속에서도 가장 약한 사람들과 더불어 공동체의 삶을 포기하지 않고 끝까지 사랑으로 지킨 것은 인류 역사 속에서 인간이 할 수 있는 가장 위대한 일이라고 생각한다. 이분들이 처한 상황은 이태석 신부나 테레사 수녀가 처한 상황과는 전혀 다른, 훨씬 복잡한 상황이다. 그런 복잡한 상황을 감안하고 이분들의 삶을 평가해야 제대로 된 평가가 나오는 거다.

한국 현대사의 과제는 동서 문명의 만남과 민중의 자각이었다. 미국 가톨릭 신부 정일우와 한국 산골 청년 제정구가 만난 것은 서양과 동양의 만남이다. 이들이 만남으로써 동서 문명의 만남과 민중의 자각이 이루어진 것이다. 서구의 기독교 정신과 한국 농촌의 공동체 정신이 만났고 이 만남 속에서 가난한 민중이 깨어 일어났다. 그런 의미에서 이들의 만남은 한국 현대사의 중심에 있다. 한국 현대사의 가장 치열하고 고통스러운 현장에서 한국 농촌 공동체의 씨알맹이 제정구와 서양 기독교의 씨알맹이 정일우가 만난 것이다.

서양 문명의 정신적 축이라고 할 수 있는 기독교가 20세기 들어와서는 이미 낡고 쇠퇴하여 문명의 찌꺼기와 같은 존재였다. 서구 문명의 정신과 영적 생명력은 쇠퇴했고 창조적인 힘을 잃고 있었다. 그러니까 식민지 쟁탈이나 하고 1·2차 세계대전을 일으킨 거다. 특히 미국이 어떤 나라인가. 2차 세계대전에서 승리하여 세계를 제패한 나라가 아닌가. 정치, 경제, 군사력으로 세계를 지배하는 그런 나라의 쇠퇴해 가는 기독교에서 어떻게 정일우와 같은 알곡 중에 알곡인 사람이 나왔을까. 이분처럼 삶과 정신이 싱싱하고 깨끗하고 힘 있는 사람을 찾기가 어렵다. 정신적으로 쇠퇴해 가는 낡은 문명 속에서 이런 알곡 하나가 나온 것이다. 그이는 생명과 정신의 참된 씨올맹이다.

서양 기독교를 보라. 유럽의 교회들은 거의 문을 닫았다. 미국 기독교를 보라. 얼마나 수구적이고 반지성적인가. 창피할 정도다. 그런 기독교에서 정일우와 같은 사람이 나온다는 것은 기적이다. 한국에 온 많은 신부나 선교사 가운데 정일우처럼 빈민현장 속으로 들어가 불의와 맞서면서 평생 몸과 마음을 바쳐 깨끗이 산 사람이 또 누가 있는가? 한국 현대사 100년을 돌아보면 너무나 굴곡과 파행이 심했다. 불의한 식민 통치 아래서 식민지 백성으로 고통을 겪고 외세의 개입으로 남북이 분단되어 전쟁을 하면서 까닭 없이 영문도 모른 채 동족끼리 수백만 명을 서로 죽인 역사이고, 군사독재 치하에서 폭력과 불의와 부정으로 얼룩진 역사였다. 그 불의하고 부정한 역사 속에서 의로운 산골 청년 제정구가 나온 거다. 의인을 찾기 힘든 우리 현대사에서 정의의 불씨를 품은 청년 제정구와 맑고 깨끗한 마음을 지닌 정일우가 만났으니 이건 예사로운 일이 아니다.

막힘이 없는 정일우, 하늘의 잣대 제정구

정일우 신부의 삶도 독특하다. 정일우 신부가 살던 곳은 미국 중서부 일리노이 주에서 산도 언덕도 없는 농촌이다. 미국 중서부 지역을 차를 타고 돌아보면 산도, 집도 안 보이고 광활한 들판이 있을 뿐이다. 정일우 신부 말대로 "산도 언덕도 없다. 마치 바다처럼 대지가 펼쳐져 있다". 그러니까 오직 하늘만 있고 하늘 밑에 바다처럼 펼쳐진 대지만 있는 거다. 그런 데서 농부의 아들로 태어나 살았으니 하늘의 맑고 투명하고 깊은 정신과 영성이 정일우의 몸과 마음에 알게 모르게 스며들었을 것이다. 아무 막힘이 없고 벽이 없는 들판에 살았으니 정말 막힘없고 거리낌 없는 활짝 열린 삶을 체험했을 것이다. 그이 마음속에는 맑고 깊은 하늘과 활짝 열린 들판이 있어서 가난한 민중과 막힘 없이 하나가 되는 공동체적인 삶을 갈망했던 것 같다. 마음이 막히고 닫혀서 웅크린 사람은 공동체를 못한다. 웅크린 마음을 가진 사람이 어떻게 가난하고 상처 받은 민중과 한마음으로 살 수 있겠는가.

제정구가 산 데가 어디냐. 고성군 척곡尺谷이다. 말 그대로 자척尺이다. 잣대다. 곡谷은 골이다. 아마 옛 이름은 '잣골'이었고 한자로 바꿔서 척곡이라고 했을 거다. 왜 잣골이라고 했나. 이곳은 산이 병풍처럼 둘러 있는 작은 골짜기 마을이다. 어릴 적 제정구의 집 마당 뒤로는 대나무 밭이 둘러 있고 그 뒤로 산이 있다. 왼쪽에도 산이 둘러 있다. 집 마당에 서서 보면 하늘이 아주 가까이 보인다. 그 마을에 전해 오는 말 그대로 장대를 휙 던지면 장대가 양쪽 산봉우리에 걸칠 만큼, 좁은 산골마을에 살았다. 하늘만 빤히 내다 보이는 작은 산골마을에서 그는 살았다.

'자'는 척도와 기준이다. 기준과 척도는 정의를 나타낸다. 하늘이 뭔가. 모든 것의 기준이고 척도다. 하늘은 세상의 잣대다. 척곡 사람 제정구는 늘 하늘의 잣대를 보고 산 사람이다. 제정구 선생은 어릴 적부터 하늘의 정의, 하늘의 잣대를 가슴에 품지 않았을까. 그이가 의식했는지는 모르지만 그의 삶과 정신 속에는 분명히 하늘의 잣대가 있었을 것이다. 그러니까 그렇게 정의감에 사무쳐서 정의의 불을 뿜으며 살 수 있었던 것이다.

제정구 선생의 특징은 불의를 못 견디는 거다. 정일우 신부는 조사(弔辭)에서 제정구를 가리켜 "불의를 못 참고 거짓말을 용서하지 못하고 오직 정직한 사람"이라고 했다. 그러니까 하늘의 잣대가 제정구의 정신에 들어 있다. 하늘처럼 맑고 깨끗한 마음을 품은 정일우와 하늘의 잣대를 품은 제정구, 두 사람이 만남으로써 새로운 삶의 길이 열렸다. 이 길은 이 땅의 가난한 사람들과 함께 우리 모두가 갈 수 있는 길, 가야 할 길이다. 이 두 사람이 만나서 열어 놓은 길은 결코 완성된 길이 아니다. 우리가 우리 각자의 삶 속에서 형성하고 완성해 가야 할 길이다. 제정구와 정일우가 열어 놓은 길을 우리가 간다는 것은 제정구와 정일우를 스승으로 배우고 따르는 것이다. 제자는 스승의 뜻을 이어 살지만 스승에게 매달리고 달라붙어 있으면 안 된다. 배울 때는 스승을 흉내 내다가도 배우고 나면 스승은 스승의 때를 살고 제자는 제자의 때를 살아야 한다. 제정구와 정일우를 흉내 낼 수도 없고 흉내를 내서도 안 된다. 우리는 우리대로 우리의 때와 현실에 맞게 우리의 삶을 살아야 한다.

한국 역사도 참혹하고 서구 역사도 잔혹한데 거기서 정일우와 제정구라는 사람이 나왔다는 것은 정말 쓰레기 속에서 꽃이 핀것이고 진흙탕 속에서 아름다운 보석이 건져진 거다. 무슨 섭리인지 1973년 11월 어느 날 청계천 판자촌에서 두 사람이 만나 밤부터 시작해서 새벽까지 얘기를 나누었다. 두 사람 사이엔 공통점이 별로 없다. 아홉 살 많은 성직자와 늦깎이 대학생, 미국인과 한국인, 천주교 신부와 비기독교인이 만났는데 얼마나 의기투합이 잘 되었는지 매일 밤마다 밤새도록 얘기를 했다는 거다. 맘이 통하고 생각이 통한 거다. 이미 두 사람이 마음과 생각의 공동체를 이뤘다.

두 사람이 인격적으로 가깝게 된 계기가 몇 번 있었다. 제정구 선생이 원래 시골 사람이라 궂은일을 잘했던 모양이다. 문짝도 잘 고치고, 아궁이도 잘 고치고, 허드렛일을 많이 하고 그랬다. 그런데 혼자 그런 궂은일을 하면서 마음속에 불편이 생겼다는 거다. '왜 이런 힘든 일은 나만 하고 있나.' 그러다가 정일우 신부한테 내 마음속에 이런 불편한 생각이 있다는 것을 지나가듯 말했다는 거다. 이렇게 말하면 그냥 인사 소리라도 미안하다고 그럴 줄 알았다. 그런데 정 신부가 눈을 똑바로 뜨고 쳐다보더니 "그랬냐?" 하고는 한참을 있다가 "지금은 어떻게 생각하느냐?", "도대체 제정구가 힘들게 일을 해서 제정구가 손해 볼 것이 뭐냐? 제정구가 힘들게 일을 해서 좋으면 좋았지 나쁠 것이 뭐냐?" 그렇게 정색을 하며 묻더라는 거다. 그 얘기를 듣고 나서 제정구는 뒤통수를 얻어맞은 것처럼 깜짝 놀랐다. 이제까지는 그렇게 생각해 본 적도 없고 궂은일을 하는 것이 나에게 이로울 수 있다는 생각을 못하고 지냈다는 거다.

제정구가 얘기를 듣고 가만히 생각해 보니 정 신부 말씀이 옳게 여겨졌다. 자기가 사회정의를 위해 몸 바쳐 투쟁도 하고, 빈민을 위해 빈민과 더불어 살려고 판자촌에 들어왔으니까, 힘든 일을 자기가 하면 남에게도 좋고 자기에게도 좋은 것이지 나쁠 게 없다는 생각이 들었다. 제정구는 지금까지 잘못 생각한 것을 반성했다. 또 생

각을 잘못한 것은 마음이 잘못되었기 때문이라는 깨달음에 이르렀
다. 그때부터 비로소 제정구는 마음을 바로 하는, 마음을 열어 가
는 공부를 시작했다. 제정구는 정일우 신부가 마음을 열어준 첫 번
째 스승이라고 했다.

우리 여기서 같이 맞아 죽자!

　두 사람이 시흥에서 복음자리 빈민 공동체 마을을 형성할 때
다. 양평동에 있는 빈민들이 쫓겨나게 되어 갈 데가 없었다. 정 신부
가 김수환 추기경에게 부탁해서 독일 가톨릭 단체에 편지를 썼고,
돈을 얻었다. 이 돈으로 땅을 사고 집을 지었다. 땅은 빈민에게 무
상으로 제공하고 집 짓는 비용은 입주자가 부담하기로 했다. 집 지
을 때 벽돌이 부족해서 정일우 신부와 제정구 선생이 직접 벽돌을
찍었다. 정일우 신부는 경험도 없으면서 벽돌 찍는 중노동을 했다.
벽돌 찍을 때 면장갑을 끼면 손에 피가 덜 났는데 하루에 10원 아
끼자고 정 신부는 면장갑을 끼지 않고 맨손으로 벽돌을 찍었다. 손
에서 자주 피가 났다. 복음자리 마을은 그렇게 피 묻은 벽돌로 만
든 집이다.
　제정구도 복음자리 건축을 위해 불철주야 일하면서 바삐 다
녔는데 어느 날 이상한 소문이 돌았다. '정일우하고 제정구가 집 장

사 한다. 건축업자가 되어 우리를 착취한다.' 이런 소문이 쫙 돌았다. 주민들이 야밤에 정일우와 제정구를 때려죽인다며 몽둥이 들고 몰려왔다. 정일우, 제정구 두 분이 나와서 보니까 사람들이 살기등등하고 분기탱천해서 모였다. 이것을 보고 정일우 신부님이 옆에 있던 제정구한테 "우리 함께 여기서 그냥 맞아 죽자" 그러더라는 거다.

그 얘기를 듣고 제정구 선생이 정일우 신부를 전적으로 신뢰하게 되었다. 아무리 도를 닦고 수련을 많이 한 사람이라 해도 죽음 앞에서 초연해지기는 쉽지 않다. 죽음을 떠나서 우선 얼마나 분이 나고 억울하겠는가. 화가 나지 않겠는가. 그렇게 정성을 다 바쳤는데 오해를 해서 때려죽인다고 몰려들었으니 그걸 어떻게 받아들일 수 있겠는가. 그 순간 노여워하지 않고 제정구의 마음을 가라앉히는 소리를 했다. "우리 여기서 같이 맞아 죽자." 마음이 하늘처럼 가라앉은 사람이 아니고는 그런 말을 할 수 없다.

그런 상황에서 그런 말을 했다는 것을 나는 대단한 사건으로 본다. 이런 상황에서 이런 처신과 말이 있었다고 하는 것은 매우 큰 의미가 있다. 그이가 그렇게 말하고 그렇게 행동했기 때문에 우리도 그런 처지가 되면 쉽게 그럴 수 있는 거다. 그게 옳은 처신인 줄 알면 쉽게 그럴 수 있는 거다. 그러나 아무도 그렇게 하지 않았다면 그렇게 하기 어렵다. 한 사람의 선구자가 있으면 그다음은 쉬운 거다.

정일우는 제정구의 마음을 열어 준 스승이다. 거칠고 열정에 불타는 산골 사람 제정구를 하늘의 기운으로 씻어 주고 닦아 준 분이다. 제정구 속에 불타는 불씨를 활활 타오르게 한 분이다. 1999년 2월 12일 제정구 선생 장례식 날, 정일우 신부가 조사弔辭를 했다.

> 73년도 청계천에서 처음 만났을 때 며칠 사이에 속 됨됨이 한가운데 불씨와 같은 매력을 느끼고선 완전히 반해 버린 것, 그리고 그 불씨 뜨거운 열이 국적, 종교, 연령, 사회의 짐, 모든 것을 녹여 우리를 완전히 하나로 만들어 낸 그 은총, 자네의 됨됨이의 매력이 정의감, 정직함, 거짓을 도저히 못 견뎌 하는 성격, 인간은 백 번 천 번 죽어도 돈 앞에서 무릎을 꿇으면 절대로 안 된다는 가치관, 수없는 젊은 사람들에게 빛이 됐고 희망이 됐고 용기가 되었다는 것을 보고 정구 자네가 너무 잘 살았다는 사실이 재확인되었다.

정일우와 제정구는 솔 메이트Soul Mate다. 영혼의 동반자, 영혼의 벗이다. 이들이 평생 추구했던 삶의 목적은 '찐한 비빔밥 공동체'를 이루는 거다. 제정구 선생도 정일우 신부도 인생의 목적과 사명은 찐한 공동체를 이루는 거라고 했다. 찐한 공동체를 이루는 게 목적이었기 때문에, 정일우와 제정구는 청계천과 양평동 판자촌 생활을 시작하면서 자연스럽게 삶의 기본 원칙에 합의할 수 있었다. 어떤 프로그램도 하지 말자. 빈민을 대상으로 사업 같은 것을 벌이지 말자. 계획을 세워서 빈민들을 가르치려고 하지 말자. 한마디로 "그냥 함께 살자!"가 이들의 대원칙이었다.

정일우 신부는 빈민촌에 들어오기 전에 파울로 프레이리의
《페다고지》를 읽고 소울 알린스키의 《급진주의자를 위한 규칙》을
공부했다. 파울로 프레이리는 민중을 의식화시키는 교육방법으로
유명했고, 소울 알린스키는 주민을 조직하고 선동하여 싸우는 주민
활동 조직이론가로 유명했다. 정일우는 이런 교육이론과 조직이론
을 다 버렸다. 가난한 민중과 비비대고 함께 살면서 몸과 마음이 통
하는 진한 공동체를 이루어 보자는 생각뿐이었다.

제정구도 늦깎이 대학생이 되어서 사회과학 공부를 하고 학
생운동을 한 사람이다. 사회과학 공부를 하고 학생운동을 한 사람
은 흔히 이념과 열정에 불타서 조급하게 사회변혁을 추구한다. 당
장 세상을 바꾸려 하기 때문에 마음이 매우 조급하다. 당장 무엇을
하지 않으면 못 견딘다. 책을 읽고 이념에 불타는 사람은 조급할 수
밖에 없다. 당장 어떤 변화가 와야 하는 거다. 사회과학 공부와 학
생운동의 중심에 있던 제정구 선생이 빈민의 삶 속에 들어가서 "그
냥 함께 산다"는 게 결코 쉬운 일이 아니었다. 제정구에게는 놀랍고
큰 결단이자 변화였다.

이른바 70, 80년대 운동권도 정치권도 당장의 문제를 해결
하기 위해 너무 조급했던 것은 아닐까? 오늘의 야당이나 노동조
합, 시민단체들도 발등에 떨어진 문제로 조급한 것은 아닌가? 당
장 어떤 결과를 바라는 조급증 때문에 큰일을 그르치는 경우가 많
다. 조급한 사람은 당장에는 이익을 얻지만 길게 보면 손해를 보

는 경우가 많다. 철학교수인 외국인 신부와 뜨거운 피가 끓는 청년
이 가난한 민중의 고통스러운 삶을 보면서 '그냥 함께 산다'는 것
은 여간 어려운 일이 아니었을 것이다. 가난한 민중의 삶을 바꿔
놓고 싶고 무지한 민중을 가르치고 싶고 무엇인가 도움을 주고 싶
은 조급한 마음이 이들에게 왜 없었겠는가. 어떤 사람이 정일우 신
부를 방문했다가 이렇게 물었다. "주민들을 위해서 무엇을 하십니
까? 어떤 도움을 주십니까?" 정일우 신부가 말했다. "저는 이분들
을 도와주는 것이 아닙니다. 이분들과 함께 사는 것이 좋아서 그
냥 함께 삽니다."

　　그냥 산다는 생각이 어디서 나왔을까. 농부의 가정에서 자
라난 정일우 신부의 마음속에 자연과 가족과 더불어 사는 공동체
적인 열망이 남아 있어서 그랬을 거다. 농부는 자연과 더불어 산다.
그리고 이웃과도 친밀하게 산다. 그런 농촌 공동체 전통에서 그냥
함께 산다는 생각이 나왔을 거다. 제정구도 산골에서 자라면서 인
정이 풍부한 마을 공동체의 삶이 몸에 뱄을 것이다. 농촌 공동체의
꿈과 열정이 이분들의 삶에 살아 있었다. 농촌 공동체의 삶을 도시
빈민 사이에서 실현해 보자 했던 것이 그이들의 꿈이었다.

　　역사적 예수와 그이의 하나님 나라 운동을 정치경제적으로
연구한 리처드 호슬리에 따르면 예수도 농촌 마을 공동체를 회복
하려고 했다. 당시 그리스 로마의 헬레니즘 도시문화가 들어와서
이스라엘의 농촌 마을 공동체들이 깨져 나갔다. 서로 살리고 더불

어 사는 농촌 마을 공동체를 회복하고 세상에 널리 실현하려는 것이 하나님 나라 운동이었다는 것이다. 로마의 도시 문명은 탐욕적이고 귀족적이며 억압적이고 착취적이었다. 가난한 민중의 마을 공동체를 깨뜨리는 로마제국의 도시 문명에 맞서 예수는 하나님의 사랑 안에서 정의와 평화, 자유와 평등이 가득한 공동체 세상을 이루려 했다.

빈민들 속에 공동체적 삶이 있었다

정일우, 제정구는 농촌 마을 공동체를 열망했다. 서로 정을 나누며 맘이 통하고 공동체로 사는 것이 사람답게 사는 것임을 본능적으로 알았다. 그런데 판자촌에 들어가서 빈민들 속에 공동체적인 삶이 있는 것을 봤다. 그래서 이분들이 큰 감동을 받았다. 도시는 공동체적인 삶을 해체하고 방해한다. 도시 생활은 반공동체적인 삶을 강요한다. 그런데 판자촌에 사는 가난한 사람들은 도시 생활에서 먹고살기 어려운 사람들이고, 사회의 중심에서 밀려난 사람들이다. 이들은 더불어 살지 않으면 살 수 없는 사람들이다. 일자리를 하나 구하려고 해도 지속적인 일터나 일자리가 없으니까 날품팔이를 해야 하는데 날품을 파는 일은 알음알이로 구할 수밖에 없다. 못사는 사람들끼리 서로 안내를 받으면서 살 수밖에 없다. 이렇게 가난한 사람들의 생존 조건 자체가 더불어 살게 되어 있다. 제정구, 정일우 두 사람이 판자촌에 가서 보니까 어린아이들이 엄청 많은데 내 자식 네 자식을 구분하는 게 없더라는 거다. 부모가 따로 있는 거 같지 않더라는 거다. 판자촌 사람들은 자식들을 너나없이 다 돌보면서 살아가지 자기 자식만 따로 돌보지 않더라는 거다.

판자촌 삶의 여건 자체가 공동체적이다. 가진 것이 몸과 마음밖에 없기 때문에 줄 수 있는 것은 마음과 몸밖에 없다. 서강대에서 철학을 가르치던 정일우 신부는 판자촌의 가난한 사람들에게서 정을 주고 나누는 것을 배웠고, 마음과 몸이 통하는 것을 배웠다. 이것이 참사람이 되는 것이구나 하고 큰 깨달음을 얻었다는 거다. 내가 이제까지 참사람이 아니었구나, 나는 지킬 것이 많아서 늘 닫혀 있었고, 정을 나누지 못하고 남과 통하지 못했구나, 내 안에 갇혀 살았구나, 나를 위해 내 안에 갇혀 사는 것은 짐승처럼 사는 거지 사람 사는 것이 아니구나, 이런 생각을 하면서 잘못된 삶, 사람답지 못한 삶을 살았다는 충격과 큰 깨달음을 얻었다는 거다. 그래서 정일우는 빈민 속에 들어가서 빈민과 더불어 정을 나누고 통하면서 참사람이 되는 길을 걸으려고 한 거다.

그리고 판자촌 주민들은 그날 벌어 그날 사니까 무슨 계획을 가지고 사는 것이 아니라 닥치는 대로 그때그때 살았다. 그런데 정일우 신부는 그때까지 짜여진 틀에 따라 계획적으로 늘 바쁘게 살았다. 정일우 신부가 판자촌에 들어와서 계획 없이 그냥 사니까 마음이 넉넉하고 그렇게 여유로울 수 없다는 거다. 늘 한가해서 순간 순간 삶에 충실할 수 있고 마음과 마음을 나누는, 이것이 참사람의 길이라고 했다. 그리고 정일우 신부가 한국을 사랑하게 된 것도 한국 사람에게서 정을 느꼈고, 잘 통했기 때문이라고 했다. 본래 한국 사람의 심성이 정이 많고 잘 통하는 것을 좋아한다. 한국 사람들이 모두 핸드폰을 가지고 다니는 데서 알 수 있듯이, 한국인만큼 통하는 것을 좋아하는 사람들이 없다. 한국 사람들은 안 통하면 못 견딘다. 그러니 IT 산업이 나름대로 발전하는 거다. 이렇게 개인 휴대 통신기가 널리 보급된 나라가 없다.

　　우리는 정이 많고 통하는 것을 좋아해서 철학과 종교 사상에도 통通자가 많이 들어간다. 유영모·함석헌의 사상을 회통의 사상이라고 한다. 원효, 지눌, 동학의 사상도 두루 통하는 사상이다. 도심道心을 가진 중국 사람은 실용적이어서 길과 수단을 찾는다. 성심誠心을 가진 일본 사람은 사무라이 기질이 있어서 철저하고 성실하다. 통심通心을 가진 한국 사람은 통하는 것을 좋아해서 막혀 있는 것을 참지 못한다. 그러니 닫혀 있으면 왕따 당하기가 쉽다. 정일우 신부는 한국인들의 통심에서 큰 장점과 매력을 느꼈고, 판자촌 사람들에게서 공동체를 이룰 수 있는 놀라운 가능성과 잠재력을 본 거다. 정 신부는 빈민들의 공동체적 삶의 매력에 푹 빠졌다.

가난한 사람들아 너희는 행복하다

제정구의 정신은 '가난정신과 생명 나눔의 정신'이다. 이것은 "가난한 사람들아 너희는 행복하다"라는 예수의 말씀에서 우러난 정신이다. 이 말씀은 빈민을 위한 빈민의 말씀이다. 제정구는 "가난한 사람이 세상의 근본貧者 天下之大本也"이라고 말했다. 가난한 사람이 천하의 근본이다. 도시 기능이 아주 복잡해지다 보니 그냥 농사짓고 살던 때와 다르게 얽히고설키어 산다. 도시 기능이 제대로 돌아가지 않으면 도시 자체가 마비된다. 그런데 도시의 기본적인 기능을 원활하게 돌리는 사람들이 거의 다 가난한 사람들이다. 청소부들, 정화조 청소부들, 배달하는 사람들…… 전기, 하수도, 쓰레기, 교통 등 보통 도시 기능들을 처리하고 담당하는 사람들은 주로 가난한 사람들이다. 그런 의미에서 가난한 사람들이 세상의 근본이라는 것이다.

가난한 사람은 사회의 기본 기능을 담당하면서도 사회에서 소외되고 밀려나다 보니까 잘못된 심리를 갖게 된다. 중심부 사람들의 삶을 흉내 내려고 한다. 독자적인 삶의 양식을 갖지 못한다. 그들 나름의 생활양식을 만들어 내지 못하고 중심부의 삶을 흉내 내려고 한다. 가난한 사람들이 사회 중심부의 삶을 흉내 내는 것은 불가능하다. 왜냐하면 중심부의 삶의 양식이 그들을 가난으로 내몰았기 때문이다.

사회의 중심부는 돈과 권력의 중심부다. 판자촌은 물질적인 힘의 중심부에서 밀려난 변두리 중의 변두리다. 중심부에 가면 갈수록 중심부는 모방하는 문화다. 서울 도심의 양식은 도쿄의 생활양식, 뉴욕의 생활양식과 다를 게 없다. 그러니까 더 큰 삶의 중심부를 모방한 거다. 변두리의 가난한 빈민이 사회 중심부를 모방하려고 하지만 모방할 수 없다. 모방하려면 돈이 있어야 하는데 돈이 없다. 돈과 권력에 의지해서 사는 중심부의 삶을 모방할 수 없기 때문에 빈민촌은 인정과 마음에 의지해서 산다. 그렇게 정을 나누고 마음이 통하는 삶에서 전통적인 삶의 문화가 계승된다. 힘의 중심부에 사는 사람들에게는 민족정신과 문화가 필요 없다. 외래문명을 받아들여서 흉내 내기 급급하다가 일찍이 정신도 삶도 다 까먹어 버린 거다. 돈과 권력에 의지하는 삶을 흉내 내는 것은 돈과 권력에 예속되는 것이고, 생명과 정신의 자유와 존엄을 버리는 것이며 공동체를 파괴하는 것이다.

그러므로 돈과 권력에 의지해서 사치와 향락을 추구하는 중심부의 삶을 흉내 내려는 마음을 엎는 것이 세상을 변혁하는 거다. 가난한 사람들이 정을 나누고 삶을 나누는 공동체적인 삶의 양식을 만들어 내는 것이 세상을 혁명하는 거다. 제정구는 이 길이 불의한 세상을 바로 세우는 지름길이라고 본 거다.

가난한 사람들은 중심부에 있는 부자들의 삶을 흉내 낼 수 없기 때문에 예전부터 살아오던 자신들의 삶을 살 수밖에 없다. 그들의 마음속에, 삶 속에 5천 년 민족사가 가꾸어 온 생명 공동체,

정신 공동체, 뜨거운 정과 통하는 마음이 생생히 살아 있다. 판자촌은 민족의 전통적인 정신과 삶이 살아 있고, 역사와 사회의 중심이 빈 곳이다. 돈과 권력, 조직과 질서의 중심이 없는 곳이다. 제정구 선생은 역사와 사회의 빈 공간인 판자촌이야말로 후천개벽後天開闢의 기운이 소용돌이치는 곳이라고 했다. 판자촌이야말로 한국 역사와 사회를 후천개벽하는, 혁명적으로 새롭게 하는 하나님의 신령한 기운이 감도는 곳이라는 것이다. 하나님이 임재하는 곳, 하나님을 만나는 곳이니까 정일우, 제정구는 판자촌을 못 떠난 거다. 그들은 판자촌에서 생명과 정신의 큰 감격을 맛보았고, 사회와 역사를 근본적으로 새롭게 할 가능성과 힘을 본 거다. 그래서 이들은 판자촌에서 쫓겨났다가도 이내 다시 돌아오곤 했다. 스스로 판자촌 중독자라고 했다.

공동체를 실현하는 것은 인간의 근본 과제다. 짐승은 자기 본능에 따라 자연 속에서 홀로 또는 무리지어 산다. 개체 의식이 두드러지지 않고 먹이사슬 안에서 자연 전체와 조화를 이루며 살고 있다. 사람은 자의식을 가진 존재라서 짐승과 달리 개성이 두드러진다. 사람은 제 속을 들여다보는 존재요, 자기가 자기를 의식하고 대상화하는 존재다. 짐승은 자기를 대상화하지 못한다. 그 점에서 사람은 자연 조화에서 벗어났다. 전체 자연 세계로부터 타락한 것이다.

사람은 깊이와 초월을 가진 존재다. 생명의 깊이와 초월을 가졌기 때문에 사람은 저 자신의 자유로운 주체이면서 저 자신을 넘어서 전체로 살아야 한다. 나는 내가 될 수 있고 내가 나로 되어야 하는 존재다. 제가 제 속에서 저답게 된다는 점에서 사람은 저 홀로 서는 존재다. 그러나 홀로는 살 수 없는 존재요 홀로 살아서는 안되는 존재다. 사람은 홀로이면서 저 자신을 넘어서 남과 더불어 사는 존재다. 내가 나다운 개성을 가지면서 서로 다른 이들과 공동체로 사는 것이 인간의 근본 과제고 목표다. 모든 종교와 철학이 말하려는 것은 이것이다. 내가 어떻게 나답게 살면서 남과 더불어 살 수 있나? 정일우, 제정구 두 분은 빈민 속에 들어가서 인간의 근본 물음과 과제를 몸으로 실천하며 살았다. 그래서 사람으로서 큰 보람과 사명을 느낀 거다.

없는 데서 한없이 나오는 기적

제정구는 '가짐 없는 큰 자유'를 말했다. 가짐 없는 자유는 깊은 영성에서 나온 것이다. 정일우와 제정구는 빈민촌 주민들과 저녁 식사 후 매일 미사를 드렸다. 두 사람이 사는 집을 동네 사랑방으로 만들었다. 날마다 어린아이들은 공부하며 놀았고, 주민들은 소주도 마시고 차도 나누며 놀았다. 그냥 그렇게 놀이하듯 살면서도 날마다 주민들과 소박한 미사를 드렸다. 속으로 영적 자유를 찾는 노력을 중단하지 않았다. 그래서 결국 '가짐 없는 큰 자유'에 이를 수 있었다. 아무것도 가지지 않았지만, 아무것도 가지지 않았기 때문에 큰 자유를 누릴 수 있다. 제정구와 정일우는 버림과 없음의 구도자적인 삶을 누구보다 치열하게 추구한 거다. 그러나 이들의 '가짐 없는 큰 자유'는 결코 권위적이거나 엄숙하지 않았다. 어린아이처럼 늘 신명나게 놀고 춤추고 노래하고 시끌벅적하게 살았다. 짓궂은 우스갯소리와 장난질, 심지어 진한 음담패설도 나누며 날마다 웃음꽃을 활짝 피웠다.

가짐 없는 큰 자유는 가난 정신이다. 가난 속으로 들어가서 빈민과 더불어 가난하게 살 때, 참된 공동체적 생명, 알짜 생명에 들어갈 수 있다는 것을 보여 주었다. 가난 정신 속에서 참된 나눔이 이루어진다. 많이 가지고 있는 가운데서 일부를 나누어 주는 것은 진정한 삶을 나누는 것이 아니다. 없는 사람들끼리 없는 가운데 나누는 것이 진짜 나누는 것이다. 물고기 두 마리와 보리떡 다섯 개로 오천 명이 먹고 열두 광주리가 남았다는 성경의 이야기가 그런 것이다. 가진 것 없어서 겨우 물고기 두 마리와 보리떡 다섯 개로 나누었는데 오천 명이 먹고도 풍성하게 남았다는 것은 가진 것 없는 사람들의 참된 나눔이 기적을 일으킨다는 것을 말해 준다. 없는 가운데 없는 것을 나누면 없는 데서 한없이 나오는 기적이 일어난다. 그것이 생명의 기적이고 영의 기적이다.

국가나 부자들이 돈을 모아서 가난한 사람에게 나누어 주는 방식으로는 참된 공동체가 이루어지지 않는다. 먼저 가난한 사람들,

없는 사람들끼리 서로를 나눌 수 있을 때 더불어 사는 공동체 세상이 온다. 서로 나누고 섬기는 연습이 되어서 나누는 삶이 확립되어야 비로소 사회복지나 민주정치가 의미가 있다. 밑바닥에서 자발적인 나눔과 삶의 활력이 없으면 정치인들이나 기업가, 지식인들이 아무리 애써도 바로 된 세상이 오지 않는다.

정일우 신부와 제정구 선생은 빈민 운동을 할 때 많이 싸웠다. 가난한 민중하고도 싸우고, 불의한 권력하고도 끊임없이 싸웠다. 그런데 이들은 권력에 맞서 싸우면서도 축제를 벌였다. 가난한 민중과 싸우면서도 잔치를 벌였고, 잔치를 벌이면서 싸웠다. 이들이 이런 싸움 속에서 깨달은 것이 무엇인가. 싸움을 통해 한을 풀고 신명에 이르러야 한다는 거다. 싸움이 싸움으로 그치지 않고 축제가 되어야 한다는 것이다. 민중이 한을 풀고 깨어나서 신명이 나는 싸움과 축제가 돼야 한다는 거다. 그래서 싸움을 싸움으로 끝내지 않고 놀이와 연결시켜서 끊임없이 생명을 재생시켜 가는 우리 민족 고유의 생존 방식을 확보해야 한다는 것이다. 이것은 놀라운 얘기다. 싸움이 축제가 되어야 하고, 축제와 더불어 이루어지는 싸움 속에서 한국 고유의 생명력과 정신이 살아나게 만들어야 한다는 말이다. 정일우 신부는 가난한 민중이 서로 싸우면서 감정과 생각과 삶이 비벼진다고 했다. 싸우면 싸울수록 서로 비벼져서 진한 비빔밥 공동체가 된다는 것이다.

제정구 선생은 불의한 세력에 분노로 맞서 싸우는 투쟁 정신으로 뭉쳐진 사람이다. 그런데 그의 글에 재미난 얘기가 나온다. 1979년에 박정희가 갑자기 죽었다. 그때 큰 충격을 받고 괴로워했다는 거다. 원수 같은 박정희를 제대로 응징하지 못하고, 저렇게 허무하게 보내서는 안 된다고 생각했다. 갑자기 투쟁의 대상이 없어지니까 당혹했다는 거다. 이렇게 괴로워하다가 어슴푸레 잠이 들었는데 꿈에 박정희가 나타나 자기가 천국에 있다고 하더란다. 그래서 천국에 가보니까 박정희가 왔다. 화가 머리끝까지 난 제정구는 그에게 욕설을 퍼부었다. "네놈이 여기 천국에 어떻게 오느냐?!" 소리를 빽 지르니까 박정희가 "여기는 천국이 아니라 지옥이지" 그러더라는 거다. 그때 제정구는 잠에서 번쩍 깼다.

꿈을 꾼 제정구는 생각이 차츰 바뀌었다. 증오심과 타도 정신으로만 싸워서는 결코 새로운 역사가 오지 않는다. 그러면 나도 천국에 못 간다. 지옥에서 못 벗어난다고 생각했다. "너 죽여 나 살자!"는 타도 정신으로 미워하면서 싸우면 이 지옥 세상에서 벗어날 길이 없다. 그래서는 죽어서도 천국에 못 가는 거다. 제정구는 21세기에는 더 이상 증오심과 타도정신으로 싸울 수 없다고 보았다. 제선생은 21세기의 새로운 싸움 방식을 찾았다. 그가 생각한 21세기 싸움 방식은 "내가 먹힘으로써 나를 먹는 적들을 해체시켜 새로운 세상을 열어 가는 것"이다. 나를 희생하여 적에게 밥으로 줄 수 있어야 나와 적을 함께 녹여서 새로운 공동체 세상을 열 수 있다는 것이다.

정일우 신부와 제정구 선생은 절박한 투쟁의 현장에 있으면서도 은근과 끈기를 가지고 기다리며 사셨다. 마치 씨앗을 심어 놓고 싹 트고 자라길 기다리는 농부처럼 조급한 마음을 버리려고 애를 많이 썼다. 특히 정일우 신부는 한 사람 한 사람 속에서 씨알맹이가 자라기를 기다릴 뿐, 결코 성급한 판단을 하지 않았다. 성급한 비난을 하지 않고 그냥 하염없이 기다렸다고 한다. 늘 웃으며 끝까지 믿어 주며 기다렸다. 나는 《정일우 신부 이야기》를 읽으면서 '생각과 실천이 참으로 맑고 투명한 분'이라고 느꼈다. 그런데 이분의 별명은 '능구'(능구렁이)다. 정 신부께 물었다. "능구라는 별명이 왜 나왔습니까?" 정 신부는 "능구렁이가 담을 넘어갈 때 슬쩍 넘어갔다가 슬쩍 넘어오잖아요. 남에게 다가갈 때 능구렁이처럼 해야 합니다"라고 했다. 소리 내면서 요란하게 남의 집 드나들면 안 된다는 거다. 남의 삶에 들어가고 나갈 때 능구렁이처럼 슬쩍 들어가고 슬쩍 나와야지 요란해서는 안 된다. '능구'는 믿고 기다리는 사람의 표시다. 끝까지 기다려야 좋은 씨앗이 싹튼다. 사람 속에서 생명의 씨앗이 싹트기를 믿어 주고 기다려 줘야 한다.

2부

5장

꽃은 누가 대신 피워 주지 않는다
누가 씨올인가

'내가 씨올이다.' 이 말에는 두 가지 뜻이 있다. 첫째, '내가 씨올'이라는 것은 남 보고 씨올노릇을 하라고 하기 전에 내가 씨올노릇을 해야 한다는 말이다. 씨올사상, 씨올정신, 씨올운동은 나를 위한 사상이고 나를 위한 정신이며 나를 위한 운동이다. 내 사상, 내 정신, 내 운동이다. 삶은 스스로 사는 것이고 내가 사는 것이다. 남 보고 대신 살아 달라고 할 수 없다. 씨올살이, 씨올운동을 나는 하지 않고 남 보고 하라는 것은 씨올정신과 생명 정신에 어긋난다. 생명과 정신의 씨알맹이를 지닌 사람들은 남 보고 하라고 하기 전에 '내'가 먼저 한다. 안창호, 이승훈, 유영모, 함석헌은 '내가 스스로 하는' 이들이다. 이들의 가장 두드러진 특징은 '스스로 내가 먼저 하는' 거다.

세상에 어떤 큰 사건이나 위대한 일도 남에게 떠넘겨서 되는 일이 없다. 남에게 일을 맡기더라도 내가 해보고 아는 일이어야 맡길 수 있다. 남에게 맡겨도 그 사람의 '나'가 하지 않으면 할 수 없다. 작은 일에서 큰일까지 다 '내'가 하는 일이지 남이 하는 일은 없다. 나의 나가 하고 너의 나가 하고 각자의 나가 하는 일이다. 물 한 잔을 옮기는 일도 누군가의 '내'가 하지 남이 하는 게 아니다. 씨올은 스스로 싹이 튼다. 남이 싹을 틔울 수 없다. 꽃 피고 맺는 것을 누가 대신해 주나? 씨올은 몸소 하는 거다. 스스로 하는 거다. 이것이 생명과 정신의 가장 근본이 되는 원리다.

70, 80년대 민주화 운동의 대표적 지성인 가운데 한 분이었던 심원 안병무는 권위 있는 성서신학자이자 민중신학자였다. 젊은 시절에 그는 유영모, 함석헌 두 분과 가까이 지내면서 배웠다. 어느 날 유영모가 말했다. "예수가 나는 길이요 진리요 생명이라고 했는데 그 '나'가 바로 나요." 그러자 안병무가 말했다. "그게 어째서 선생님의 '나'입니까? 예수의 '나'지." 유영모가 다시 말했다. "나는 성경을 읽을 때 남의 이야기로 읽지 않고, 내가 죽고 사는 이야기로 읽습니다." 이 한 마디 말 속에 씨올사상과 정신의 핵심이 들어 있다. 모든 일은 '내'게서 시작된다. 길이 따로 있는 게 아니라 '내'게서 길이 생겨난다. 내가 길을 내는 것이고 내가 감으로써 길이 생겨나는 것이다. 진리가 따로 있는 게 아니다. '내'가 바로 진리이고, '내'게서 진리가 생성된다. 생명이 따로 있는 게 아니다. '내'가 바로 생

명의 중심이고, 근원이다. '내'게서 생명이 나온다. 내가 살면 사는 거고 내가 죽으면 죽는 거다.

'내가 씨올'이라는 말의 둘째 의미는 '내'가 생명과 정신의 '씨올맹이'라는 말이다. 생명과 정신의 씨올맹이가 뭐냐. '나'다. '나'라는 것, 그 자체가 내 존재의 씨알맹이, 내 생명과 정신의 씨알맹이다. 그 '나'라는 것이 없어지고 꺼져 버리면 생명이나 정신의 존재는 없다. 어떤 생명체에서 그 생명체의 주체가 되는 '나'가 없어지면 그것은 더 이상 생명체가 아니다. 정신이라 하든지 의식이라 하든지 영혼이라 하든지 얼이라 하든지 '나'라고 하는 그것이 그 인간 생명의 씨알맹이, 속알맹이다. '나'가 없으면 생명과 정신은 없는 거다. '내'가 바로 생명과 정신의 씨올이다.

'나'는 주체다. 생명과 환경, 역사와 일, 정신과 물질의 주체다. 주체는 스스로 저 자신이 되는 거다. 남의 부림을 받는 것이 아니라 스스로 나를 부리는 것이요, 남의 종살이를 하지 않고 스스로 주인이 되는 존재다. 다른 말로 하면 물질적인 인과관계에 매이지 않는 거다. 물질세계에는 원인과 결과가 있다. 자기 바깥에 원인이 있다. 앞에 놓인 컵을 움직이려면 바깥에서 힘을 주어야 한다. 컵이 스스로 움직이지는 않는다. 자동차自動車는 스스로 움직이는 차라는 말이지만 실제로는 바깥에서 힘(기름)이 주어져야만 움직인다. 움직이는 원인인 힘이 밖에 있다. 자연과학은 자연 만물의 인과관계를 밝히는 것인데 존재와 활동의 원인과 까닭을 밖에서 찾는다. 존재와 활동의 원인과 까닭이 밖에 있는 것, 이것이 물질이고 기계이며 대상이다.

생명이나 정신의 주체인 '나'는 존재와 활동의 원인과 까닭이 자신 안에 있다. 자기를 움직이는 힘이 자신에게서 나온다. 존재와 활동의 힘과 근거가 자신 안에 있다. 그것이 '나'다. 내가 나의 까닭이요 제가 저의 까닭이다. 따라서 '나'는 물질이나 기계가 아니다. 나의 존재와 움직이는 동력이 내 안에 있기 때문이다. 내가 나 자신이 되는 거다.

그렇다면 그런 '나'가 어디 있는가. 따져 볼 필요가 있다. 내 마음속에는 타율적인 동인들이 많다. 남의 눈치를 보면서 움직인다. 음식을 먹고 싶다, 돈을 갖고 싶다는 욕망도 있고, 분노와 미움의 감정도 있고, 어리석은 편견과 집착도 있다. 사실 이런 것들은 순수하게 자기 속에서 나오는 것이 아니다. 바깥의 물질적 자극에서 생겨난 것이다. 나의 자유로운 생각과 감정이 아니라 밖의 물질과 그 물질에 대한 욕망이 지배하는 것이다.

그런 바깥의 자극에 지배되는 '나'는 스스로 하는 '나'가 아니다. 그것은 '거짓 나'다. '거짓 나'는 어떤 물질적인 외적인 힘이나 유혹에 의해서 움직이고 지배를 받는다. 내가 주인이 아니라 물질이 주인이다. 물질의 종노릇하는 '나'는 '참 나'가 아니다. 심리학은 심리의 인과관계를 분석한다. 내 심리의 움직임이 어디서 나왔느냐. 본능적 충동, 물질적 욕망이나 성적인 동기에서 왔다면 '내 마음'은 외부의 물질적인 동인動因으로 움직인 것이다. 융 같은 심리학자는 마음의 심층을 사랑이나 정신이라고 하기는 하지만, 마음의 심층을 본능적 충동이나 물질적 욕망으로 보는 심리학은 '나'를 물질적인 존재로 본다. 거기에 진정한 '나'는 없다.

'참 나'는 내가 나로 되는 것이다. 내가 '나'가 되는 것이 사람 되는 것이다. 함석헌은 1970년에 〈씨올의 소리〉를 창간하고 군사독재에 맞서 싸우며 힘든 시절을 보냈다. 70대 중반의 노인으로서 함석헌은 돈 없이 홀로 월간지를 펴내며 거대한 권력에 맞섰다. 답답하고 지칠 때가 얼마나 많았겠는가! 함 선생도 때로는 지쳐서 힘이 빠질 때가 있었다. 그러나 그때마다 "내가 이러면 안 되지. 사람 되어야지." 하면서 벌떡 일어났다고 한다. 내가 나로 되고 내가 사람이 되는 데는 길이 따로 있는 게 아니고 비법이 따로 있는 게 아니다. 내가 나로 깨어나고 내가 나로서 일어나는 것밖에 없다.

내 몸은 나도 소유할 수 없다

박정희가 쿠데타를 일으켜 18년 동안 나라를 통치했다. 이 나라에 그의 공과가 있다고 얘기한다. 이 사람이 한 일이 뭔가. 첫째, 군사적인 힘으로 권력을 장악하고, 이 나라를 지배했다. 군사력은 대표적인 물리적 힘이다. 이 물리적이고 강압적인 힘을 가지고 산업경제의 힘을 획기적으로 증강시켰다. 1963년에 1억 불 수출했는데 1977년에 100억 불 수출했다. 지금은 5천 억 불이 넘는다. 지난 30년 동안 산업의 힘을 증대시켰는데 경제성장이라는 면에서는 눈부신 성공을 거두었다. 물론 경제성장과 고도산업화의 공로를 박정희 정부와 대기업에만 돌릴 수는 없다. 양질의 노동력을 가지고 피땀 흘려 일한 노동자들과 국민이 산업화와 경제성장의 주역이라고 할 수 있다.

함석헌 선생은 민중의 입장에서 타협하지 않고 줄기차게 박정희 정부와 싸웠다. 그렇게 싸운 정신의 원리가 뭔가. 박정희가 군사력에 바탕을 두고 경제의 힘을 획기적으로 증진시켰더라도 '나'라고 하는 것이 없으면 그것은 다 허깨비다. '나'를 잃고 물질의 힘만 커졌다면, 오히려 그것이 사람을 가두는 감옥이 된다고 했다. 통제되지 못한 군사력이 얼마나 위험한 건가. 사람을 짐승으로 만드는 거다. 정의롭지 못한 경제, 자유와 평등을 희생시킨 경제성장이 어떤 사회를 만들겠는가. 가장 중요한 것은 '나'다. 한 사람 한 사람의 '나'가 살아 있어야 자유롭고 평등하고, 정의롭고 평화로운 사회가 된다. 아무리 경제가 성장하고 과학기술이 발달해도 사람의 영혼, 알맹이인 '나'가 시들고 말라 버리면 쓸데없다. 민중 한 사람 한 사람을 짓밟고 민중의 삶을 업신여기면서 어떻게 정의롭고 평등하고 평화로운 사회가 되겠는가. 삶의 씨알맹이를 잃은 경제, 겨레의 정신과 혼을 저버린 사회는 발전할수록 잘못된 세상이 되고 만다. 이것을 끊임없이 일깨워 준 것이 함석헌 선생의 씨올정신이다.

씨올정신으로 살면 반드시 가난하게 살아야 하는 것은 아니다. 가난 자체가 목적은 아니다. 물질적 풍요가 죄는 아니다. 50, 60년대 한국 사회는 너무 가난했다. 함 선생도 60년대 초에는 가난에서 벗어나 국민의 경제생활이 튼실해져야 한다는 것을 강조했다. 미국이나 유럽 사람들처럼 합리적이면서 넉넉한 살림을 살기를 바랐다. 산업을 발전시켜야 한다고 했다. 그러나 함 선생은 한 사람 한 사람의 혼, 겨레의 정신력이 가장 중요한 것임을 줄기차게 강조하셨다. 영혼이 없는 물질적인 풍요는 사람을 짐승으로 만든다. 80년대에 이르러 한국의 경제와 산업이 상당한 정도로 발전했을 때 함 선생은 사치와 쾌락의 문명을 통렬하게 비판하였다. 멸망해 가는 문명을 건지기 위해서 정신이 물질의 주인임을 자각하고 삶에 꼭 필요한 것만을 가지고 살 것을 함 선생은 역설했다. 병든 문명을 치유하기 위해서는 주체성을 가지고 단순하고 검소하게 살아야 한다는 것이다. 단순하고 검소하며 주체적인 삶, 다시 말해 영적인 삶이 문명병을 치유하는 길이고 새 문명을 여는 길이다.

내가 씨올이다. 그래서 '하늘 위 하늘 아래 나 홀로 존귀하다天上天下唯我獨尊' 했다. '한 영혼이 온 천하보다 귀하다'라고 했다. '나', '영혼'이 뭔가. 만약 사람이 물질이나 기계와 같은 것이라면 사람은 우주의 지극히 작은 한 부분에 지나지 않는다. 그렇다면 어떻게 '내'가 우주보다 소중하다고 하겠는가. '나'(영혼)에게 우주로서는 측량할 수 없는, 물질과 기계를 뛰어넘는 어떤 요소가 있으니까, 바깥

우주에서는 찾아볼 수 없는 차원이 있으니까 내가 온 천하보다 존귀하다. 사람에게는 물질적인 인과관계에서 자유로운 '내'가 있다.

물질적 인과관계에서 자유로운 것이 뭔가. 사랑이다. 함 선생은 씨올사상을 복숭아 씨앗에 비유하고, 복숭아 씨앗桃仁이 어질 인仁, 사랑을 나타낸다고 했다. 달콤한 사랑이 아니라 복숭아 씨앗처럼 딱딱하고 쓴 사랑이 영원한 생명의 씨앗이고 '나'의 실체다. 석가로 말하면 탐진치貪嗔痴를 멸하고 얻은 자비, 예수로 말하면 십자가 죽음으로 드러낸 사랑이다. 그 사랑만이 생명과 정신을 영원히 살린다. 그 사랑만이 스스로 하는 거다. 사랑하는 사람만이 스스로 할 수 있고, 스스로 하는 사람만이 사랑할 수 있다.

흔히 '내 몸은 내 것'이라고 생각한다. '내 몸은 내 거다. 나는 내 것이다' 하는 말에 이의를 제기하는 사람이 드물다. 그러나 이 주장은 근본적인 문제를 안고 있다. '내 몸이 내 것'이라면 내 몸을 내 마음대로 할 수 있고, 내가 내 마음대로 하는데 누가 시비를 걸면 안 된다. 돈이 없으면 피를 뽑아 팔고, 콩팥을 떼어 판다. 심지어 내 몸을 가지고 성매매를 해서 먹고살겠다는 사람도 있다. 내 몸이 내 거라면, 내가 내 몸 가지고 하고 싶은 대로 하는데 왜 시비냐는 거다.

이것은 소유 의식, 소유권, 소유 개념을 내 몸까지 확장시킨 거다. 내 몸으로 내가 힘써서 내가 번 돈, 그것은 내 것이다. 소유권을 강조하는 사람은 내 소유에 손을 대는 국가, 기관, 타인은 용서

해서는 안 된다고 주장한다. 소유권은 절대로 보장돼야 하고 소유권을 확장시켜서 내 몸을 내가 소유한다는 거다. 내 몸뿐 아니라 나 자신도 내게 속한 것이고, 내가 소유하는 것이라고 한다. 국가와 타인이 내 소유, 내 몸, 나 자신에 대해서 이래라저래라 할 수 있는 권한이 없다는 것이다.

그러나 '참 나', '나다운 나'는 물질이 아니다. 물질이 아니므로 소유할 수 없다. '나'를 내가 소유한다는 말은 성립할 수 없다. 물질이 아닌데 어떻게 소유할 수 있을까? 시간과 공간 속에서 제한된 물질세계에서만 무엇인가를 소유할 수 있다. 소유한다는 것은 제한된 장소에 두고 마음대로 쓰고 처분할 수 있는 것을 뜻한다. 물질적인 인과관계를 뛰어넘는 것은 소유할 수 없다. '하나님'이나 '영혼'이나 '나'는 소유할 수 없다. 사랑도 생명도 정신도 소유할 수 없다. 물질이 아니므로 어느 곳에 둘 수 없기 때문이다. 사랑을 금고에 넣어 잠글 수 없고 생명을 은행에 맡길 수 없고 정신을 지갑 속에 넣을 수 없다. 어디에 놓을 수 없는 것은 소유할 수 없다.

몸은 물질과 생명과 영의 세 차원을 가지고 있다. 몸을 물질과 육체의 차원에서 보면 내 몸은 내 것이라고 할 수도 있다. 그러나 몸을 유기체적 생명, 정신과 신령이 깃든 거룩한 집으로 본다면 내 몸을 내 것이라고 할 수 없다. 남이 내 몸을 가지고 소유권을 행사한다면 당연히 거부해야 한다. 나도 내 몸을 함부로 해서는 안 된다. 아무도 내 몸을 소유할 수 없다. 나도 내 몸을 소유할 수 없다.

생명, 사랑, 정신이나 영혼, 하나님이나 나는 소유의 대상이 될 수 없다. 오늘날 대학의 저명한 주류 철학 교수들 가운데 이런 얘기를 하는 사람이 드물다. 하버드대 마이클 샌델 교수가 《정의란 무엇인가》를 써서 우리나라 사람들도 많이 읽었다. 이 책에는 현실의 온갖 문제들을 담은 생생한 얘기, 새로운 정보와 통계가 넘쳐 난다. 그러나 나에 대한 소유권, 몸에 대한 소유권에 문제를 제기하지만 '나'에 대한 진지한 물음도 답도 나오지 않는다. 이른바 주류 철학자들이 '나'에 대한 이런 논의를 하지 않는 것은 유물론에 사로잡혔거나 유물론의 영향을 받았기 때문이다. 존재하는 것은 물질뿐이라는 생각이 현대인의 정신을 지배한다. 그래서 '나'에 대한 진지한 논의를 피하고 있다. 나의 몸은 해부의 대상이 되고 나의 맘과 정신은 분석의 대상이 될 뿐이다.

　　'나'는 해부의 대상만도 아니고 분석의 대상만도 아니다. 아무리 나를 해부하고 분석해도 '나'를 다 드러낼 수 없고 '나'의 깊이를 헤아릴 수 없다. '나'는 한없이 깊은 것이다. '나'의 속의 속을 파고들어 가면 물질적인 몸에 속한 나, 혹은 마음에 속한 나만이 아니라 얼의 '나', 신령한 '나'가 있다. 나의 속의 속으로 들어가면 물질적인 지평을 뛰어넘어 하늘, 하나님에 닿는다. '나'의 뿌리를 파고들어 가면 하늘에 닿는다. 사람뿐 아니라 모든 생명이 하늘에 닿아 있다. 그래서 생명은 신령한 거다. 생명과 정신을 파고들어 가면 하늘, 하나님, 얼, 정신에 닿는다. 하늘을 누가 소유하겠는가? 하늘의 허공에서만 나는 나다운 나가 된다.

유영모, 함석헌 선생이 구약성경에서 주목하고 강조한 대목이 있다. 이집트에서 종살이하는 백성을 해방시키라는 사명을 모세가 하나님으로부터 받았다. 사명을 감당하기 어려우니까 모세가 하나님께 대들었다. "나는 힘없는 사람인데 왜 나보고 가라느냐. 가라고 하는 하나님 당신 이름이 뭐냐?" 당돌하게 하나님의 이름을 물었다. 그러니까 하나님이 "왜 이름을 묻느냐?" 하면서 "나는 나다 ^{I am Who I am}" 했다. 히브리어 원어를 줄이면 '야훼'다. 사람들이 '여호와'라고 부르며 읽고 있지만 본래 발음은 '야훼'다. 'I am Who I am'을 '난 스스로 있는 자다'로 번역했는데 실제 히브리어 말뜻은 '나는 나다', '나는 나대로 있는 이다'라는 뜻이다. 후대에 유대교와 기독교에서 여호와(야훼)는 배타적인 민족 신으로 나오지만 본래는 '나는 나'라는 신의 자기 선언이다. 이것은 모든 민족, 모든 민중을 위한 해방선언이다. '나는 나'라고 선언할 때 종살이에서 해방이 시작된다.

유영모와 함석헌은 이 문구를 굉장히 중요하게 받아들였다. 이 문구에 씨올사상의 핵심이 들어 있다고 생각했다. 구약성경의 하나님은 역사의 하나님이기 때문에 이런 말이 나왔을 거다. 역사에서는 주체가 중요하다. 종살이하는 이스라엘 백성에게 필요한 것이 무엇이겠는가. '나'를 잃어버렸으니까 종살이하는 거다. 역사는 잃은 나를 찾자는 것이다. 그래서 하나님은 '나는 나'라고 했다. 하나님을 믿는다는 것과 하나님 앞에 간다는 것은 '내'가 나로 되는 것이요 내가 '나답게' 되는 것이다. 하나님께 다가가면 갈수록 나는 내가 된다. 하나님은 초월자이고 전능자이며 전체 하나의 생명을 뜻한다. 초월자이고 전능자인 하나님이, 전체를 아우르는 전체 하나인 하나님이 '나는 나다'라고 했으니까 '내가 나답게 되는 것'이 '전체 하나(하나님)가 되는 것'이기도 하다.

　　모든 생명체는 스스로 하는 주체와 통일된 전체로 이루어져 있다. 모든 생명체는 나다운 내가 있으면서 유기체적 통일성을 이루고 있다. 주체성과 통일성이 결합된 것이 생명체다. 사람은 몸, 맘, 얼의 세 차원에서 참다운 '나'가 되면서 '전체 하나'로 되자는 거다. 그것이 생명 진화의 목적이고 사람의 사명이다. 예수의 하나님 나라가 다른 것이 아니다. 사람마다 스스로 저다운 저가 되고 전체가 하나로 되는 것이 하늘나라다.

생각은 나를 불태워 정화한다

　　씨울은 스스로 싹트고, 스스로 자라고, 스스로 꽃피고, 스스로 열매 맺는다. 스스로 하려면 안에서 힘이 나와야 한다. 안에서 힘이 나오려면 자기가 자기를 불태워야 한다. 밖의 힘, 물질의 힘은 남(물질)을 태우고 희생시켜서 나오고, 안의 힘, 정신의 힘은 자기를 태우고 희생시켜서 나온다. 사람도 남의 목숨인 밥을 먹고 불태워서 나오는 힘으로 산다. 사람이 밥 먹고 숨 쉬어 소화·흡수·배설하는 것은 밥을 불태워 힘을 얻는 것이다. 밥 먹고 숨 쉬는 몸의 차원에서는 남의 목숨을 먹고 불태우지만 맘과 얼의 차원에서는 내가 나를 불태워 힘을 얻는다. 내 안에서 나를 불태워야 스스로 하는 생명이 된다.

생명체는 기계와 다르다. 자동차는 휘발유를 넣고 불을 때야 간다. 사람도 몸으로는 밥을 먹어야 살아 움직이지만 생명으로는 숨을 쉬어서, 제 숨을 불태워서 힘을 낸다. 사람은 스스로 저를 태워서 제게서 힘을 내어 산다. 내 생각과 마음을 불태울 때 내 속에서 사랑이 피어난다. 사랑은 나를 움직이는 힘이다. 자기를 불태우는 것은 자기를 제사 지내는 것이다. 이것이 희생犧牲이다. 희생의 원리는 자기를 죽이고 태움으로써 새 힘을 얻는 것이다. 내가 스스로 움직이려면 내가 나를 불태워야 한다. 유영모 선생은 "네 몸으로 산 제사를 드리라"(롬 12:1)라는 말씀을 따라 살려고 평생 애썼다. 선생은 정말 자기를 제물로 드렸다. 자기를 불태워 제사를 지낼 때 비로소 자기 속에서 스스로 하는 사랑의 힘이 나온다. 씨올이 깨지고 죽음으로써 눈부신 생명 활동을 펼치듯이, 사람도 깨지고 죽음으로써 새 삶으로 들어간다. 사람은 자기를 불태워 죽임으로써 죽지 않는 생명의 힘을 얻는다.

숨도 내가 나를 불태우는 거다. 생각하는 것도 내가 나를 불태우는 거다. 유영모 선생에 따르면 생각은 '하나님을 그리워하는 사랑으로 내가 불타는 것'이다. 상사병相思病이라는 말이 있다. 서로 그리움에 사무쳐 생각하는 병이다. 진실한 생각은 그리움에서 나온다. 바른 생각을 하면 자기 속에 있는 탐욕과 분노와 어리석음이 불태워지고, 내 마음속에 지저분한 것들이 정화된다. 그래서 생각은 내가 나를 불태우는 거다. '나'라고 하는 것은 물건처럼 따로 있는 것이 아니라 끊임없이 스스로를 불태워서 속에서 새로 태어나는 거다. '나'라는 것이 바깥에 대상적으로 따로 있는 것이 아니다. '나'라는 것이 있다면 영원한 '나'로서, 영원한 '얼'로서 있는 거다. 내 몸과 마음속에서 그런 '나'가 살아 있으려면 끊임없이 내 몸과 마음에서 새로 태어나야 한다.

유영모 선생은 "생각이 불타오름으로써 내가 나를 낳는다" 했다. 내가 나를 소유하는 것이 아니다. '내가 나'인데 어떻게 내가 나를 소유할 수 있나. 끊임없이 내가 나를 낳을 뿐이다. 하나님과 만난다는 것은 내가 참되고 큰 나로 새롭게 태어나는 것을 의미한다. 하나님 계신 하늘로 끊임없이 솟아올라 나아가는 거다. 그래서 유영모 선생은 이렇게 말했다. "생각한다는 것은 뭐냐? 내가 나를 파는 거다." 내가 나를 파면 팔수록 나다운 나가 나온다. 개성이 뚜렷해져서 제소리, 제 색깔이 나와서 저답게 된다. 나다운 나를 깊이 파고들어 가면 하늘에 닿는다. 상대적인 물질세계를 초월한 하늘은 막힘없이 두루 통하고 전체가 하나인 것이다. 하늘은 전체성, 보편성, 초월성을 나타낸다. 내가 나를 파고들면 파고들수록 나는 나다운 나가 되는데 그 '나'의 뿌리와 바탕은 '전체 하나'인 하늘에 가 닿는다.

씨올사상에서는 개성이 발휘되는 것과 보편적인 하늘에 이르는 것이 일치한다. 이런 생각은 현대 서구철학의 경향과는 다르다. 포스트모더니즘에서는 하나 된다는 것을 획일성이나 동일성으로 보고 '하나'라는 말을 싫어한다. '하나로 된다'는 말에 대한 두려움과 거부감이 서구인들에게는 있다. 이들에게 하나로 된다는 것은 획일적이 되는 것이고 개성이 없어지는 것이다. '하나 된다'는 생각은 촌스럽고 유치한 낡은 것이고 개성과 자유를 말살하는 폭력적인 것이다. 그래서 생명적 욕구와 취향의 차이와 다양성을 강조한다. 그러나 차이만 강조해서는 어떻게 생명과 정신을 이해할 수 있으며, 서로 다른 것만 내세우면 어떻게 더불어 살 수 있는가. 서로 통하는 것이 있어야 함께 살 수 있다. 생명과 정신의 깊이를 파고들어가면 갈수록, 모두 저마다 저답게 되면서 모두 하나로 끌어안은 전체 하나에 이를 수 있다. 생명과 정신의 씨알맹이가 싹트고 자랄수록 저다우면서 서로 하나로 통하는 전체 생명을 드러낸다. 작은 들꽃 하나가 저답게 피어 있으면서 생명의 참되고 착하고 고움을 얼마나 잘 드러내던가!

유영모는 물체도 물질의 주체라고 했다. 물질의 세계도 겉에서 보면 인과관계에 매여 있지만 속에서 깊이에서 보면 한없이 깊고 신비하다. 만물도 존재의 깊이를 지니고 있다. 만물도 존재의 깊이에서는 우주 전체와 이어져 있고 하늘의 신령한 세계와 닿아 있다. 물질도 물성과 이치에 따라 파고들어 가면 그 속에서 한없이 풍부하고 깊은 존재의 차원이 열린다. 물질도 무궁무진한 값과 풍성한 존재의 세계를 품고 있다. 물질이 있는 그대로, 주체로서 드러나고 실현되고 완성되게 하는 것이 사람이 할 일이다.

유영모에 따르면 사람이 물질에 대한 욕망과 집착에서 벗어나 하늘의 빈탕한데(虛空)서 자유로운 '나'가 될 때, 비로소 나는 나대로(맘대로) 자유롭고, 물질은 물질대로 물성과 이치에 따라 실현되고 완성될 수 있다. 물질에 대한 욕망과 집착에서 벗어나 참 나가 될 때 비로소 물질을 소유의 대상으로 보지 않고 있는 그대로 주체로 볼 수 있고, 물질적 존재의 깊이가 드러나고 실현되고 완성되게 할 수 있다. 서구 철학에서는 인간 외의 자연 생명세계와 만물은 인식되는 대상으로서 분석되고 해부되고 실험되고 지배되고 정복될 뿐이다. 그러나 씨올철학에서는 자연 생명세계와 만물이 인식의 대상에 머물지 않고 자신을 드러내는 주체로서 인식 과정에 참여할 수 있다. 사람과 만물이 서로 만나 드러내고 사귀고 실현하고 완성하는 삶의 과정 속으로 들어가는 것이다. 사람은 자연 만물과 생명 세계를 착취하고 파괴하는 존재가 아니라 자연 만물과 생명 세계를 주체와 주체로서 사귀고 서로 주체를 실현하고 완성하도록 이끄는 존재다.

백마 타고 오는 메시아는 없다

함석헌 선생은 "생각하는 백성이라야 산다" 했다. 이 말은 역사 속에서 주체가 되어야 한다는 말이다. 역사 속에서 주체를 잃으면 종살이를 하게 된다. 종살이하면 결국 망하고 죽는 거다. 역사 속에서 주체를 잃지 않으려면 생각해야 한다고 했다. 깊이 생각해야 주체가 되고, 주체가 되어야 살 수 있다.

생명 진화와 인류 역사의 목적은 사람이 물질(돈), 기계, 힘의 종이 아니라 주인이 되는 것이다. 속의 힘, 정신력과 얼 힘이 걸 힘, 물질과 기계의 힘을 부리는 것이다. 60, 70년대 미국에서 히피운동이 활발했다. 마리화나는 중독성도 약하고 몸에 해롭지도 않다면서 마리화나를 하는 것이 유행했다. 마리화나를 하면 곧 마음의 평정과 기쁨을 얻는다고 했다. 종교인들이 수십 년 수행하고 명상해서 겨우 도달하는 마음의 경지를 마리화나만 하면 누구나 쉽게 얻을 수 있다는 것이다. 미국인이 와서 함 선생께 이 이야기를 하면서 누구나 쉽게 마리화나를 통해 마음의 평정과 기쁨을 얻을 수 있다고 주장했다. 후에 함 선생은 몇 사람이 모인 자리에서 이렇게 이야기했다. "인간의 목적이 기계의 종살이에서 벗어나 주인 노릇을 하자는 것인데 약물에 의지한다면 결국 다시 기계의 종이 되는 것이다." 약은 물질이고 물질은 기계의 바탕이다. 힘든 일을 기계가 대신해 주는 것처럼, 마음의 평화를 약물이 가져다준다면, 마음은 약물의 종이 되는 것이다. 그러면서 함 선생은 정말 내가 스스로 하는 것이 무엇일까 물었다. 밥 먹고 소화·흡수·배설하는 것도 숨 쉬는 것도 몸이 본능적으로 하는 것이다. 지식과 정보도 밖에서 온 것이고 감정과 의식도 밖의 자극에 영향을 받은 것이다. 그러면서 지금 이 순간 내가 스스로 하는 것은 '생각하는 것'뿐이라고 했다. 생각하는 것만은 남이 대신할 수 없는 것이고 지금 내가 스스로 하는 것이라고 했다. 생각하는 것만이 스스로 하는 주체적인 것이고, 생각함으로써만 주체가 깊고 커진다.

　뇌과학자들 가운데는 생각도 뇌가 하는 것이라고 말하는 사람들이 있다. 뇌 신경세포와 화학물질의 상호작용과 과정으로 생각이 일어나는 것이라고 설명하기도 한다. 이것은 잘못된 설명이고 거꾸로 된 주장이다. 내가 생각하면 뇌에서 신경세포와 화학물질의 작용이 일어나는 것이지 나는 가만히 있는데 뇌의 신경세포들과 화학물질이 스스로 생각해서 움직이는 게 아니다. 물질이 정신을 따르는 것이지 정신이 물질을 따르는 게 아니다. 생각함으로써 정신이 깊어지고 정신이 깊어지면 물질도 존재의 신비한 깊이를 드러낸다. 마음이 깊고 섬세해지면 몸의 기관들도 섬세하고 정교해지는 것이다.

　함석헌 선생님의《뜻으로 본 한국역사》를 보면 원래 우리 민족은 성품이 착하고 온유하다. 그리고 한반도와 만주라는 삶의 터도 좋았다. 만주, 한반도라는 좋은 터에서 좋은 성품을 가진 한민족은 큰 나라와 위대한 문명을 이룰 수 있었다. 그런데 한민족은 그 사명을 감당하지 못하고 고난의 역사에 빠졌다. 결국 나라를 잃고 종살이를 하게 됐다. 왜 그렇게 되었느냐. 우리 민족이 기운과 성품은 온화하고 착한데 깊은 생각이 없고 깊은 철학, 깊은 종교가 없기 때문이라고 했다. 깊이 생각해야 지혜와 힘이 나와서 외적 환경과 외세에 맞서 이길 수 있고, 민족사회 안에서 일어나는 온갖 문제와 갈등과 도전을 극복할 수 있는데 한민족은 깊은 생각을 하지 못했다. 왜 한민족은 깊은 생각을 하지 못했을까? 우리 민족이 착하기는 한데, 너무 낙관적이고 감성적이어서 깊고 철저한 생각을 하지 못했다.

역사 기록인 《삼국지위지동이전三國志魏志東夷傳》을 보면 부여, 고구려, 삼한의 우리 선조들은 큰 축제를 벌일 때면 날마다 밤마다 술 마시며 춤추고 노래하였다고 한다. 한겨레는 노래하고 춤추고 감정을 표현하는 데 재능이 있다. 그러니까 교회도 감정을 움직이는 설교를 해야지 사람들이 모여 든다. 조금 어렵고 딱딱한 소리를 하면 다 도망가고 만다. 우리 민족은 노래하고 춤추는 것을 좋아하며 낙관적이고 감정적이다. 깊이 생각하는 것을 싫어한다. 그러니까 깊은 종교가 없다. 이렇게 깊은 생각, 깊은 철학, 깊은 종교가 없으니까 외세의 도전과 침입, 민족사회의 심각한 분규와 갈등을 이겨 내지 못한다. 그래서 고난의 역사가 이어진 거다.

생각하는 철학, 생각하는 종교가 돼야 한다. 생각하는 종교는 다른 것이 아니라 직접 체험하는 종교다. 사변적이고 관념적인 종교, 말만 하는 종교가 아니다. 하나님도 누가 가르쳐 준 하나님만 듣고 믿는 것이 아니라 그 하나님을 깊이 생각해서 체험적으로 만나고 이해하고 깨달아야 한다. 자기가 체험하고 깨달은 것만이 자기 신앙이고 자기 종교다. 스스로 신을 만나는 종교, 그것이 큰 종교다. 중개인들이 전해준 것만 받고 그것만 따르는 신앙은 자기 신앙이 아니다. 깊은 생의 체험, 깊은 정신의 깨달음이 없으면 진정한 문화가 나올 수 없다. 직접 생각하고 직접 체험해야 위대한 문학도, 예술도, 종교도 나오는데 우리 민족은 그렇게 하지 못한 것이다.

평생 깊은 철학, 깊은 종교를 추구했던 함석헌은 생각하는 민족, 철학하는 민족이 될 것을 역설했다. "생각하는 씨올(백성)이라야 산다"는 말은 함석헌을 상징하는 말이 되었다. 생각하는 백성이라야 제대로 살 수 있고, 철학을 가진 민족이라야 힘차게 살 수 있다. 씨올사상은 씨올이 생각하고 철학하는 주체가 되자는 사상이다. 씨올사상은 스스로 생각함으로써 스스로 살 길을 여는 민생^{民生} 철학이다.

씨올사상이 말하는 종교는 남의 얘기를 믿고 따르는 종교가 아니라 내가 스스로 생각해서 깨닫는 종교다. 종교라기보다 철학이다. 씨올사상은 사람마다 자신의 씨알맹이를 깨닫고 싹틔우고 실천하는 씨올철학이다. 각자 나름대로 철학을 해야 한다. 각자가 스스로 깨닫고 실천하는 종교가 돼야 한다. 옛날에는 군왕이 다스리고 미신이 지배하고 좁은 지역에 갇혀 살다가 죽었다. 신분계급이 지배하던 시대에는 사람 위에 사람이 있으니까 자유로울 수 없어서 남의 말을 듣고 따르면 됐다. 미신이 지배하던 때니까, 지식이 부족하고 스스로 생각하는 훈련이 되지 않았기 때문에 남의 말을 믿을 수밖에 없었다. 좁은 지역의 울타리를 벗어나지 못하고 평생 살아야 하니까 전해 준 가르침 속에 살 수밖에 없었다.

그러나 지금은 민주 시대요 과학 시대이고 세계가 하나로 통하는 시대다. 민주 시대에는 사람 위에 사람이 없다. 내가 주체로 살아야 한다. 과학 시대는 진리 시대다. 내가 스스로 생각하고 이해하고 깨달아야 한다. 세계 시대는 나의 믿음과 생각이 세계와 통해야 한다. 우물 안 개구리가 되어서는 안 된다. 철학이나 종교가 중요하면 내가 해야지 남이 한 것을 믿고 따라서는 안 된다. 낡은 종교 생활에 빠진 사람은 민주 시대, 과학 시대, 세계 시대의 시민이 될 수 없다. 지금은 한 사람 한 사람이 온 인류와 소통할 수 있고 교통과 통신의 발달로 모든 정보를 접할 수 있다. 몰라서 깨닫지 못했다는 말은 할 수 없다. 누구든지 알 수 있다. 지금은 씨올철학, 씨올종교의 시대다. 씨올 한 사람 한 사람이 스스로 깨닫고 스스로 실천해 가는 시대다. 그래야 진정한 민주 시대도 오는 거다. 그게 없으면 자유롭고 평등한 참된 민주 시대는 올 수 없고 정의와 평화는 이루어질 수 없다.

누가 나선다고 세상 문제가 갑자기 해결되는 것이 아니다. 2천 년 전에 예수가 왔지만 세상이 갑자기 평화롭게 되지는 않았다. 2천 년 동안 수많은 사람들이 나왔어도 이상 세계는 오지 않았다. 지식인이건 성현이건 남이 해주길 기대하면 안 된다. 누가 와서 해주는 것이 아니다. 그런 의미에서 백마 타고 오는 메시아는 없다. 한 사람 한 사람이 다 속에서 깨닫고 저마다 저다운 저가 돼야 한다. 각자 속에서 생명의 꽃과 열매를 맺어야 한다. 밖에서 누가 뭐라고 해도 야훼 하나님이 '나는 나다' 한 것처럼 민중 한 사람 한 사람이 '나는 나다. 내가 씨올이다' 선언해야 한다. 그럴 때 민주화가 되고 정의와 평화가 넘실대는 세상이 온다.

제정구, 정일우 두 사람이 빈민 속에서 갸륵한 일을 했다. 이런 사람들이 있어야 그나마 우리가 지금 사는 이 정도의 세상이 되는 거다. 갈 길이 아득한 것 같지만 아무리 아득해 보여도 길은 생명과 정신의 씨알맹이, '내' 속에 있다. 전태일, 제정구, 정일우 같은 이들이 있어서 우리가 사는 여기까지 올 수 있었고, 빛이 보이고 용기가 나고 앞으로 나아갈 수 있다. 그이들마저 없었다면 지금 우리 세상이 얼마나 캄캄하겠는가. 인도에는 2억 명 가까운 불가촉천민이 있다. 3천 5백 년 동안 비참하게 살았다. 1997년에 인도에 가서 보니까 풀 한 포기 없는 토굴에서 여전히 그렇게 살고 있다. 다른 계급의 사람이 불가촉천민의 부인이나 딸을 겁탈해도 책임지는 사람도 없고 나무라는 사람도 없다. 그것을 보고 정신이 번쩍 나면서 우리가 사람으로 산다는 것이 뭔가 자신을 돌아보게 됐다. 20세기인데도 UN은 뭐하고 지식인들은 뭐하는가 생각하며 마음이 아팠다. 유영모, 함석헌, 제정구, 정일우 같은 분이 인도에 많이 있었으면 그렇게 되었겠는가.

6장

이김도 없고 짐도 없다
씨올과 평화

    세계 평화가 씨올에서 움튼다. 씨올, 생명, 평화는 하나로 이어진 말이다. 씨올은 생명의 씨알맹이다. 생명체는 정신과 물질, 영과 육체가 만난 거다. 정신과 물질이 만나서 생명이 된 것이다. 물질에서 생명과 정신이 피어났다고도 할 수 있다. 생명은 전혀 다른 물질과 정신이 묘하게 하나로 된 거다.

    물질과 정신은 전혀 다른, 서로 반대되는 것이다. 정신은 자유롭고 무한하고 매이지 않는 것인데, 물질은 시간과 공간에 매인 구체적이고 한정된 것이다. 서로 반대되는 것들이 만났기 때문에 불안정하다. 그래서 생명체는 연약하고 상처 받기 쉽고 파괴되고 죽을 수 있다. 이렇게 불안정하고 파괴되기 쉬운 생명체의 목적은 생의 평안이다. 평화로운 삶을 지속적으로 누리자는 것이다. 생명의 간절한 염원과 목적은 영속적인 평화로운 삶이다. 참으로 이루기 어려운 거다. 그러나 전혀 다른 정신과 물질이 하나가 되어 생명체를 이룬다는 것 자체가 기적이다. 서로 다른 것들이 생명체 안에서 공존하는 것 자체가 평화다.

생명체 속에는 우주의 수많은 물질들이 들어 있다. 생명현상은 물질세계에서는 통합될 수 없는 물질적 요소들이 화학적으로 생물학적으로 통합된 것이다. 또 생명체는 전혀 다른 물질과 정신이 통합된 것이다. 물질과 정신이 한 몸을 이룬 생명체가 되었다는 것, 이게 기적이고 놀라운 평화다. 생명은 서로 다른 것들이 만나 보다 차원 높은 묘합妙合을 이룬 거다. 서로 다른 것들이 만나면 놀라운 일이 일어난다. 생명은 이질적이고 적대적인 것이 하나가 된 것이다. 이질적이고 적대적인 것들이 갈등을 일으키지 않고 배척하지 않고 하나가 돼서 한 몸을 이루었다는 것은 얼마나 위대한 평화인가. 생명 자체가 평화다. 생명 속에는 무궁한 평화의 능력과 지혜가 있다. 그러나 이 생명체는 연약하고 상처 받기 쉽기 때문에 끊임없이 자기 삶 속에서 평화를 실현시켜 가야 한다. 안팎의 갈등이나 모순을 뛰어넘어 스스로 생명을 지켜 갈 수 있는 평화를 이룩하는 것이 생명 진화의 목적이다. 그것이 종교와 철학의 목적이고 인류 역사의 목표다.

씨올사상을 말한 유영모·함석헌 선생이 사셨던 시대는 서양의 제국주의 세력이 군사력과 경제력을 앞세워 세계 정복의 경쟁을 벌이던 때였다. 부강한 나라가 되기 위해 강대국들이 식민지 정복 전쟁을 벌인 것이 1차 대전(1914년)과 2차 대전(1939년)이다. 안창호, 이승훈, 유영모, 함석헌 이분들은 이중, 삼중으로 프롤레타리아의 삶을 사셨다. 첫째, 서양 문명의 지배를 받는 동양 문명에서 살았다는 점에서 문명의 프롤레타리아였다. 둘째, 동양 문명권 안에서도 동아시아의 일부인 일본의 식민지 백성으로서 나라와 민족을 잃고 살았다는 점에서 민족의 프롤레타리아였다. 셋째, 제국주의 전쟁과 착취가 절정에 이르렀을 때 역사의 밑바닥에서 민중과 더불어 씨올로서 살았다는 점에서 사회와 역사의 프롤레타리아였다. 이런 밑바닥 삶에서 생명과 정신의 씨알맹이가 여러 겹의 억압을 뚫고 피어난 것이 씨올사상이고 씨올정신이다.

서양 세력의 침략만 있었던 것이 아니다. 공산주의와 자본주의라고 하는 두 개의 물질주의 이데올로기와 세력이 한반도에서 맞붙어서 남북 분단과 전쟁이 일어났다. 그래서 한반도는 세계 물질주의 이념과 세력의 갈등과 싸움의 중심지가 되었다. 이러한 고통을 겪으면서 씨올, 생명, 평화의 사상이 싹튼 거다. 또 1960년대 이후 군사독재와 민중을 희생시키는 경제성장을 겪으면서 씨올의 비폭력 평화사상과 운동이 나온 거다. 씨올평화 사상은 이런 시대 배경을 안고 있다.

씨올평화 사상을 이해하기 위해 먼저 지배 엘리트의 평화관을 살펴보자. 지배 엘리트인 지식인들이나 기득권층이 생각하는 평화는 전쟁이 그친 상태다. 로마가 지중해 세계를 정복하고 적대 세력을 굴복시킴으로써 전쟁이 없어진 상태가 '팍스 로마나(Pax Romana, 로마의 평화)'다. 로마가 세계를 정복해서 로마의 군사력만 있는 것을 평화라고 한 것이다. 지배 권력과 지배 세력에 맞서 싸우는 세력이 없어져서 반란이나 혼란과 갈등이 없는 상태를 평화라고 한 것이다. 예수 시대에 로마의 평화가 이루어졌지만, 로마의 평화는 참된 평화가 아니었다. 복음서를 보면 많은 사람들이 로마의 식민 통치 아래서 얼마나 고통스러운 삶을 살았는지 알 수 있다. 굶주림의 고통을 겪었고, 육체적·정신적 질병이 만연했으며 폭력이 난무했다. 예수의 평화는 죽어 가는 생명을 살리고 죄 짐을 벗겨 주는 평화였다.

노르웨이의 평화학자 요한 갈퉁은 "평화는 폭력의 구조가 없는 상태"라고 말했다. 인종차별, 지속적인 빈곤, 사회의 양극화, 전통적인 악습, 남녀 차별은 인간의 사회적 삶 속에 구조화된 폭력이다. 갈퉁의 평화 개념은 표현은 소극적이지만 내용은 적극적이다.

히브리어로 평화는 '샬롬'이다. 샬롬은 '생명과 정의가 충만한 것'이다. 평화에 대한 매우 적극적인 이해다. 어떻게 히브리인들은 이런 평화 개념을 갖게 되었을까? 제국주의 강대국에게 지속적으로 짓밟혔던 히브리 민족의 삶에서 이런 평화 개념이 나왔다. 역사 속에서 고통당하는 히브리 민중의 평화 개념은 구체적일 수밖에 없다. 추상적이고 이론적일 수 없다. 불의한 역사 속에서 생명이 짓밟히고 억눌린 사람들에게 평화는 생명이 충만한 거다. 삶이 고통스럽고 힘 드니까 충만한 생명을 갈구할 수밖에 없다. 불의를 겪으면 정의로운 세상을 염원할 수밖에 없다. 짓눌린 사람이 갈구하는 평화는 생명 과 정의가 충만한 삶이다. 고통스러운 민중의 삶에서 자연스럽게 나 오는 말이 '샬롬'이다. 샬롬은 민중적인 평화다.

평화는 생명을 피워 내는 것

함석헌 선생은 이중, 삼중의 폭력에 짓눌리면서 밑에서부터 싹터 올라오는 생명과 정신의 평화를 말했다. 그의 평화 사상은 씨 올의 평화 사상이다. 씨올은 흙 속에 들어가 싹이 터서 굳은 땅을 뚫 고 나와 꽃을 피우고 열매를 맺는 생명 활동을 한다. 생명이 자기를 실현해 나가는 생명 활동 자체가 평화다. 씨올의 생명 활동이 평화 다. 함 선생의 평화 개념은 쉬우면서도 독창적인 것이다.

평화平和에서 '평' 자는 고를 평, '화' 자는 벼 화禾에 입 구口 자 다. 글자를 풀이하면 밥이 고르게 입으로 들어가는 것이 평화다. 사 람마다 고르게 밥을 먹는 것이 평화란 말이다. 함 선생은 '평平'을 새 롭게 풀이했다. 나란히 두 획이 옆으로 지나는데 밑의 획은 '땅'이고, 위의 획은 '하늘'이며, 가운데 화살표 같은 글자 '小'는 땅을 뚫고 솟 아오르는 모습을 나타낸다는 것이다. '平'의 원래 뜻이 그렇다는 것이다. 고르다는 것은 단순히 똑같다는 것이 아니다. 그냥 획일적으로 똑같이 만드는 것은 평등도 아니고 정의도 아니다. 언 땅을 뚫고 하늘로 솟아오르는 씨앗처럼 생명이 억압을 이기고 저마다 자기를 자유롭게 피워 내는 것이 고른 것이다. 저마다의 자유로운 생명 활동을 인정하고 허락하는 것이 평등이고 정의다.

　온갖 장애와 난관을 극복하고 저마다 자기의 생명을 피워 내는 것이 평등한 것이고 평화로운 것이다. 그래서 함 선생은 평화는 생명이 자기 기운을 쭉쭉 펴는 거라고 했다. 이것을 억누르는 것이 폭력이고 반(反)평화다. 어린 아기는 다리를 건드리기만 해도 다리를 쭉쭉 뻗는다. 생명의 원기가 가득 차 있기 때문이다. 생기가 솟고 원기가 쭉쭉 뻗는다. 몸의 기운이 솟고 정신의 원기가 쭉쭉 뻗고 몸과 맘이 활짝 펴는 것이 평화다. 씨알맹이가 흙 속에서 자기 기운을 뻗어 올라가는 것, 민중이 역사의 밑바닥에서 자기 생명의 기운을 쭉쭉 뻗는 것, 이것이 평화다. 이것을 못하게 하는 정치적·사회적인 질서나 구조, 개념과 주장들이 다 반생명적이고 반평화적이다.

　생명은 세 차원으로 이루어져 있다. 몸의 본능적 생명, 맘의 지성적 생명, 얼의 영성적 생명인데 이 세 차원이 다 쭉쭉 뻗어 가야 한다. 몸의 기운이 쭉쭉 뻗어 가고, 맘의 지성과 생각이 쭉쭉 뻗어 가고, 얼의 양심과 원기도 쭉쭉 뻗어 가야 한다. 양심이 죽고 생각이 풀이 죽어 있으면 안 된다. 양심과 원기가 힘 있게 쭉쭉 뻗어야 한다. 그래서 함 선생은 나이 칠십이 넘어서도 사람이 쭈그러져 있으면 안 된다 했다. 생활이 어려워 얼굴은 쭈그러져도 양심과 원기, 생각과 지성은 빵빵하게 쭉쭉 뻗어 있어야 한다. 속의 정신과 기운이 싱싱하게 푸르게 살아 있어야 한다. 유영모 선생도 얼굴은 늙어서 쭈그러들어도 속의 기운은 쭉쭉 뻗어 있어야 된다고 했다.

고등종교를 일으킨 기축시대의 성현들이 우리에게 가르쳐 준 것은 다른 것이 아니다. 우리 속에는 물질적 이해관계를 뛰어넘고, 살고 죽고, 이기고 지고, 성공하고 실패하는 것을 뛰어넘어서 쭉쭉 뻗어 갈 수 있는, 죽어도 죽지 않는, 결코 마르지 않고 시들지 않는 원기와 얼의 생명이 있다는 거다. 공자도, 노자도, 소크라테스도 이것을 얘기했다.

꺼지지 않고 시들지 않고 마르지 않고 죽지 않는 이성과 영성, 얼 생명이 불타고 있어야 한다. 이것이 타오르고 있으면 그 사람은 정말 평화로운 거다. 몸은 불편하고 힘들고 아플 수 있다. 그러나 속의 영혼, 얼 생명, 씨올 생명이 힘차게 뻗어 나가고 불타고 있으면 평화로운 거다. 이것이 씨올평화인데, 말처럼 쉬운 것이 아니다. 그러나 위대한 성현이나 선각자만이 씨올평화를 누릴 수 있는 것이 아니다. 지식이 있거나 없거나 부자이거나 가난하거나 잘났거나 못났거나 세상에 사람으로 태어났으면 누구나 영혼, 얼 생명을 가지고 있고, 누구나 양심과 생각을 가지고 있다. 따라서 마음을 먹고 뜻하기만 하면 누구나 씨올평화를 누릴 수 있다. 옥스퍼드, 하버드, 서울대를 나왔다고 해서 영성이 풍성해지는 것은 아니다. 사회의 지위가 높고 유명하고 지식과 돈이 많을수록 마음의 평화를 잃는 경우가 많다. 장애인이고 지적 결함이 있어도 오히려 영적인 평화를 누리는 사람이 있다. 소박하게 하루하루 사는 민중들 가운데 씨올평화를 누리는 이들이 더 많을 것이다.

하나님을 믿는다는 것은 다른 게 아니다. 자기 영혼 속에 영원한 얼 생명이 있음을 믿는 것이다. 그것을 믿는 사람에게는 얼 생명이 있고 누구나 얼 생명의 평화를 누릴 수 있다. 내 속에 영원한 얼 생명이 있다고 생각하고 얼 생명이 시들지 않고 마르지 않게 노력하는 사람, 그 사람은 정말 성인이 되고 영혼이 평화로운 사람이 된다. 영혼이 평화로운 사람은 평화를 짓는 사람이 된다. 그런 사람이 있는 곳에는 평화가 생성되고 결국 다툼이 사라질 거다.

얼 생명이 불타오르고 쭉쭉 뻗는 그 자리가 '내가 나로 되는' 자리다. 거기가 '내가 나인' 자리다. 물질적인 이해관계, 이기고 지는 관계를 넘어서, 성공과 실패, 삶과 죽음의 상황과 관계없이 내가 나가 되면 전체 생명을 살릴 수 있다. 얼 생명이 불타오르고 쭉쭉 뻗는 자리, 내가 나인 자리가 세계 평화의 자리이고 인류 전체가 구원받는 자리다. 세계의 평화가 씨올에서 움튼다는 말은 바로 그 평화와 구원의 자리에서 우리가 삶과 생각을 시작해야 한다는 말이다. 일상적인 삶 속에서 내가 내 생명을 꽃피우는 곳에서 세계 평화의 꽃이 핀다.

얼 생명의 평화에 이른 사람은 세상의 죄악과 불의와 싸우지만, 사람은 미워하지 않게 된다. 세상에서 죄와 불의를 극복하고 제거하려고 싸우면서도 불의한 사람, 악한 사람을 우리가 구원해서 같이 평화의 세계로 들어가자는 그런 마음가짐으로 싸운다. 그러면 우리의 싸움도 좀더 여유로울 수 있다. 사실 미움은 실체가 있는 것이 아니다. 밉다는 감정과 밉다는 생각이 있을 뿐이다. 이런 허구적인 감정과 생각에 사로잡혀 사는 것은 옳은 인생길을 가는 게 아니다. 내가 나를 바꿀 수 있지만 남을 바꿀 수는 없다. 내가 다른 사람을 미워하고 원망하는 것은 내가 내 감정과 생각에 붙잡힌 탓이다. 감정과 생각에 붙잡힌 것은 생명과 정신에 충실하지 못하기 때문이다. 내 속에서 생명이 불타고 혼이 싱싱하게 살아 있다면 남을 탓하고 있을 리가 없다.

죄와 불의는 미워할 수 있다. 그런데 살다 보면 죄와 불의는 미워하지 않고 사람만 미워하는 경우가 많다. 사람을 미워하지 않고 싸우면 싸움의 절반은 저절로 없어진다. 부부관계도 직장 동료 관계도 마찬가지다. 나는 저 사람을 사랑하면서 살고 싶다는 것을 분명히 의식하고, 저 사람과 함께 살면서 잘못된 것을 제거하겠다고 뚜렷하게 생각하면 싸움의 절반 이상은 없어진다. 싸우더라도 해결의 실마리가 생긴다. 아마 이혼도 지금의 3분의 1로 줄어들 것이다. 처음부터 미워하기 위해 결혼한 사람은 없다. 사랑하는 방법이 잘못돼서 미워하는 것이다.

세계평화의 철학이 씨올에서

유영모, 함석헌 선생이 살았던 20세기는 전쟁의 시대다. 인류사에서 전쟁이 가장 많이 일어난 끔찍한 시대다. 2차 대전에서만 2천만 명이 죽었다. 이런 전쟁의 시대에 함 선생은 국가 민족주의 전쟁 시대가 끝나고 세계평화 시대가 온다는 것을 깨달았다. 새 시대를 예감하고 앞당겨 실현하기 위해서 꿈틀거리는 운동을 펼친 것이 씨올운동이었다.

갈수록 국가와 민족의 벽이 낮아질 것이다. 국가와 민족이 쉽게 없어진다고 할 수는 없지만 국가와 민족들이 자기 개성을 가지고 자기 정신과 문화의 꽃을 피워 낼 것이다. 그러나 배타적인 국가주의나 민족주의는 더 이상 설자리가 없을 것이다. 민족은 남되 민족주의는 사라지고, 나라는 남되 국가주의는 없어질 것이다. 지금은 교통과 통신의 발달로 세계가 하나로 되고 하나의 세계경제를 이루고 있으니까 이미 국경을 초월해서 교류와 소통이 이루어지고 있다.

새 시대는 세계가 하나라는 비전과 세계시민 정신을 고취하는 사상을 절실히 요구한다. 고맙게도 온갖 고난과 시련을 겪은 한국 현대사에서 세계시민의 정신을 일깨우는 씨올사상이 나왔다. 아직 씨올사상이 많은 사람들의 주목을 받지 못하고 있다. 그러나 씨올사상은 몸과 맘과 얼, 자연 생명과 역사와 신, 본능과 지성과 영성을 아우르고 동서고금의 정신과 사상을 통합하는 사상이다. 민중의 해방과 세계평화와 통일을 추구하는 실천 사상이다. 생태환경 운동 이론가들이나 사상가들, 심리 상담과 명상 이론가들 가운데 인간과 자연 생명의 통합과 몸과 맘과 얼의 통합을 추구하는 사상가들이 없는 것은 아니다. 그러나 종교와 철학을 바탕으로 민주 의식과 역사의식, 과학 정신과 비판 정신을 지닌 실천적 철학 사상이자 동서 정신 문화를 아우르는 종합적인 사상은 씨올사상 외에 등장하지 않고 있다.

민중의 자각과 해방을 추구하는 세계평화의 철학이 서양에서는 나오기 어려울지도 모른다. 서양이 지난 500년 동안 자연 생명 세계와 인류 사회를 착취하고 파괴했기 때문이다. 오늘날 산업 물질문명이 안고 있는 심각한 문제들은 서양의 역사에서 만들어진 것이다. 서구의 강대국들은 세계를 지배하고 정복하기 위해 지난 100여 년 동안 줄기차게 전쟁을 일으켜 왔다. 그래서 서구인들이 세계가 하나라고 주장하면 제국주의라고 한다. 미국과 유럽에서 세계평화와 통일을 말하면 패권주의라고 한다. 세계평화와 통일에 대한 논의는 생명친화적인 영성과 상생적 공동체 정신을 길러 온 아시아나 동양에서 나올 수밖에 없다. 우리나라처럼 전쟁의 피해를 많이 겪은 나라는 세계평화를 말할 자격이 있다.

세계평화를 말하려면 국가주의 시대에서 세계평화 시대로 넘어가는 발상의 근본적인 전환이 있어야 한다. 애국심은 좋은 것인가? 나라를 사랑하는 마음이 나쁠 것은 없지만 애국심보다는 인류 전체를 끌어안고 사랑하는 마음이 더 커져야 한다. 애국심으로 꽉 찬 사람은 이주 노동자의 아픔을 헤아리기 어렵고 일본인들과 가까이 사귀기 어려울 것이다. 씨올정신을 가진 사람은 이주 노동자의 심정과 처지를 이해해야 한다. 이주 노동자의 가족과 문화를 알아야 이주 노동자를 보다 잘 이해할 수 있다. 그래야 그 사람들과 평화로운 삶을 함께 살 수 있다. 한국과 일본의 과거사 문제도 국가주의, 민족주의 관점에서는 풀리지 않는다. 국가와 민족을 뛰어넘는 자리에서 생명의 씨알맹이, 얼 생명의 자리에서 일본 사람과 한국 사람이 함께 만나야 한일 관계의 새로운 시작이 이루어진다.

국가주의에서 세계평화주의로 나아가기 위해서는 새로운 상상력이 나와야 된다. 개인의 차원에서는 희생과 양보를 말하는 사람들이 있었지만 국가와 민족의 차원에서는 희생과 양보를 말한 사람이 없다. 그러나 세계평화 시대에는 국가나 민족도 양보하고 희생할 수 있다고 본다. 이제까지는 스스로 양보하고 희생하는 국가를 볼 수 없었다. 그러나 정말 세계평화로 가기 위해서는 개인처럼 국가나 민족도 양보하고 희생할 수 있어야 한다. 그렇다고 약한 나라는 일방적으로 권리를 주장하고 부강한 나라는 양보해야 한다면 생명평화 정신을 살려가기 어렵다. 약한 나라는 스스로 살 수 있어야 하고 강한 나라는 기득권을 내려 놓고 나눌 수 있어야 한다. 약한 나라와 강한 나라가 정의와 평화를 이룰 수 있는 가운데 길을 찾아야 한다. 남과 북 사이에 그리고 한·중·일 사이에 새로운 평화운동을 위한 여러 상상력이 나올 수 있을 것이다. 국가 안보와 민족주의에 붙잡힌 상상력을 자유롭게 풀어 놓으면, 새롭고 신나는 생각과 일들이 떠오를 것이다.

세계평화가 '씨올'에서 온다고 했다. 세계평화를 거창하게만 이야기하면 추상적이기 쉽다. 우리 일상적인 삶에서부터 세계평화가 싹터야 한다. 씨올공동체를 처음 시작할 때도 숨부터 편하게 쉬자고 했다. 숨부터 편하게 쉬어야 내 몸과 맘이 평화로워지고, 내 몸과 맘이 평화로워야 이 사회가 평화로워지고 세계가 평화로워진다. 내가 숨을 거칠고 사납게 쉬면서 세계평화를 말해 봐야 쓸데없다. 나부터 숨을 깊고 편안하게 쉬고, 만나는 사람마다 서로 살리고 더불어 살 수 있는 생각과 삶을 나누어야 된다. 먹는 일도 평화로워야 한다. 지나치게 많이 먹어서 자기 몸을 파괴하고, 자기 몸의 평화를 깨뜨리고, 자기 마음의 평화를 깨뜨리는 사람이 세계평화를 말해서 무엇하자는 것인가. 알맞게 먹고 알맞게 소화를 시켜야 한다. 그래야 몸도 세계도 평화롭다.

소비 생활도 평화로워야 한다. 명품을 들지 않아도 몸이 행복하고 맘이 평화로워야 한다. 수백, 수천만 원의 명품을 들어야 행복한 사람은 평화로운 사람이 아니다. 호화스러운 사치품에 매인 사람이 어떻게 평화운동을 하겠는가. 소박하고 검소하게 살면서 평화로울 수 있어야 한다. 또 그런 삶을 더불어 살 수 있는 생활 공동체가 나와야 한다. 꼭 함께 살지 않더라도 숨을 편하게 쉬고 소비를 검소하게 하고 알맞게 먹고사는 운동이 일어나야 한다. 그런 삶에서 행복하고 기쁠 수 있어야 한다. 그런 삶을 함께 나누고 연대하는 운동이 일어나야 한다. 이런 운동에서 세계평화가 온다. 인류 사회에 명품을 좋아하는 사람만 가득 있으면 반드시 전쟁이 나고 폭력과 절도, 부정부패가 넘쳐난다. 그러니 어떻게 평화가 오겠는가.

이기고 짐이 없는 씨을평화의 삶

안창호, 이승훈, 유영모, 함석헌 이 네 분이 한국 현대사의 정신사적 맥을 잇는 어른들이다. 일본 도쿄대의 오가와 하루히사小川晴久 교수는 한·중·일 근현대철학을 전공한 학자다. 한·중·일 근현대사의 지도자들 가운데 안창호, 이승훈, 유영모, 함석헌과 같은 인물들은 찾아볼 수 없다고 했다. 지극히 겸허하고 진실하게 사랑으로 민중 한 사람 한 사람을 사람으로 깨워 일으키려 했다는 점에서 위대한 지도자요 스승들이라고 했다.

오가와 교수에 따르면 사회주의가 망한 것은 사람다운 지도자가 없고 사람다운 인민이 없기 때문이다. 오늘날 인권과 민주주의와 평등에 대한 최고의 이론과 제도가 나왔지만, 산업자본주의 사회에서 사람이 너무 타락했기 때문에 그 이론을 실천하고 제도를 운영할 사람이 없다는 것이다. 그래서 오가와 교수는 지금은 '사람

만들기 운동'이 절실하다며 일본에서부터라도 안창호, 이승훈, 유영모, 함석헌의 삶과 정신을 따라 사람 만들기 운동을 펼치고 싶다고 했다. 앞으로는 인류와 생태계를 구하려면 자기를 불태우는 고결한 생각을 가진 사람다운 사람이 많아야 한다고 했다.

안창호, 이승훈의 삶과 정신, 유영모, 함석헌의 정신과 철학으로 씨올 조직운동을 펼쳐야 한다. 제정구 선생은 70, 80년대 운동권 지식인들 가운데 거의 유일하게 함 선생의 깊은 정신세계와 공감하면서 민중·생명·영성의 세 차원을 아우르며 진리를 실천했다. 제정구 선생이 정치권으로 가지 말고 빈민 운동을 종교·사회 운동으로 승화시키면서 지금까지 살아 계셨다면 한국 사회나 동아시아에서 씨올 생명평화의 조직운동이 힘차게 전개되지 않았겠나 생각한다. 안창호, 이승훈, 유영모, 함석헌의 삶과 사상은 교육 운동 차원에서도 설득력이 있다. 교육 이념을 바로 세우고 교육 개혁을 이루어서 참 교육을 하는 데 씨올사상이 길잡이가 될 수 있다. 이 네 분들이 형성한 씨올정신과 사상이 씨올 조직운동으로 실천되어야 한다. 한국 사회와 동아시아, 세계를 향해 씨올운동이 조직적이고 체계적으로 펼쳐지는 것을 생각할 때다.

남북 평화통일 운동에 대해서도 상상력을 키워 보자. 우리나라에서 평화통일 얘기가 나온 것이 1980년대 후반이지만 함석헌 선생은 1970년대 초부터 평화 통일을 말했다. 함 선생은 북에서 오신분이고 민족 통일을 간절히 염원했다. 그러나 결코 조급하게 생각하지 않았다. 세계평화의 물결이 태평양 바다 건너 한반도로 오기까지는 남북통일 얘기를 하는 것은 진정성이 없다고 했다. 남북통일은 세계평화와 직결되어 있다는 것이다. 따라서 남북 당사자의 협상만으로 남북통일이 이루어지는 것은 아니라는 말이다. 미·중·러·일 등 주변국들이 양해하지 않는 민족통일은 생각하기 어렵다. 세계평화의 연장선에서 남북이 통일을 지향하고 만날 수 있어야 한다. 이것은 주변 강대국들이 남북통일을 시켜 주기를 기다리자는 것이 아니다. 여건이 무르익어야 하지만 여건을 무르익게 하는 것도 우리 자신이다. 남과 북이 서로 어떻게 생각하고 접근하는가에 따라 주변국들의 생각도 바뀌고 세계평화와 한반도 평화의 길이 열릴 것이다.

한반도 평화와 세계평화는 한반도 씨올들의 삶에서 시작되어야 한다. 민생 차원에서 어떻게 북한 동포와 삶을 나눌지 구체적이고 현실성 있는 안이 나와야 한다. 살과 피를 나누지는 못해도 돈과 식량은 나누지 못할까? 남북의 비무장지대를 놓고 한반도 평화와 세계평화를 위한 상상력을 키울 수 있다. 남북한 군대 각각 10만을 모아서 섞어 놓고 평화를 지향하는 홍익인간의 평화봉사단을 만들 수 있다. 세계평화를 건설하고 생명을 살리고 사랑을 펼치는 평화군대를 만들 수 있다. 이것은 불가능한 것이 아니다. 결단이 필요한 일이다.

함석헌 선생은 《뜻으로 본 한국역사》에서 이긴 놈도 없고 진 놈도 없어야 한다고 했다. 이기고 짐이 없는 것이 씨올평화의 삶이다. 자기가 깨져서 생명을 살리는 씨올에게는 이기고 짐이 없다. 더 적극적으로 말하면 질 줄 알아야 한다. 사실은 져도 지는 것이 아니다. 예수가 철저하게 깨지고 참혹하게 죽었지만, 예수는 진 것도 죽은 것도 아니다. 지고 죽었으나 영원히 이기는 길, 영원히 사는 평화의 길을 간 것이다. 이것이 씨올의 길이다.

나를 추구하고 실현하는 존재다. 사람 속에 마음의 통일이 이루어져 있지 않으면 우울증과 같은 정신 질환에 걸린다. 마음에 하나의 초점이 있어야만 제대로 된 사람이고 정신이다.

마음에 하나의 초점이 있으면 불이 붙는다. 속에서 정신과 영이 불타오르는 사람, 그 사람은 뜨거운 사람이고 힘 있는 사람이다. 자기를 늘 불태워서 힘 있게 사는 사람일 뿐 아니라 다른 사람을 하나로 이끌 수 있다. 그런 사람이 성현이고 지도자다. 우리가 웬만큼 내적 통일을 이루지만, 깊은 초점을 가지고 통일을 이루고 있지는 못하다. 늘 자기 속에 갈등과 분열이 있다. 그러나 명확한 초점을 잡으면 잡을수록 하늘의 영이 살아나고, 하늘의 기운이 차고 넘친다.

사람의 속에서 초점이 맞춰지면 생명이, 정신과 영이 불탄다. 몸과 맘이 분열되어 있으면 연기만 나고 냄새만 난다. 몸과 맘이 통일되어 자기 속에서부터 생명과 정신이 불타면 몸과 마음이 건강하고 편안하다. 생명 진화의 끝에 사람이 나와 하늘을 그리워하는 존재가 되었지만 사람의 몸은 땅에서 나온 거다. 흙에서 나온 낟알과 푸성귀를 먹고 살다 땅으로 돌아가는 존재다. 땅에서 나오는 것을 먹고 몸이 되는 것이니까 몸은 흙으로 빚어진 거고 흙이고 땅이다. 그래서 성경은 하나님이 흙을 빚어 사람을 만들었다고 하였다.

맘은 사람의 몸 안에서 하늘이 열린 거다. 사람의 이성과 영성에는 하늘의 본성과 존재가 깃들어 있다. 몸과 맘을 가진 사람은 흙 속에서 살면서 하늘을 품고 하늘을 그리워한다. 땅에 의지해서 사는 사람이 하늘을 그리워하고 하늘을 품는다는 것, 이것이 사람 속에서 천지인합일天地人合一이 일어나는 거다. 사람은 하늘을 향해 일어선 순간부터 천지인합일의 존재다. 사람은 하늘을 그리워하기 때문에 천지인합일과 우주의 하나 됨을 꿈꾸고 지향하고 실현하는 존재다. 사람은 하늘과 땅을 통일시키는 본성과 사명을 타고났다. 사람이 자신의 본성과 사명을 다하려면 먼저 몸과 마음이 통일돼야 한다. 그래야 세계 통일, 하늘과 땅의 우주 통일로 나아갈 수 있다.

생명은 처음부터 하나 됨의 세계로 나아가게 되어 있다. 그래서 사람뿐 아니라 모든 생명체의 종種들은 태어나면서부터 전체 지구를 하나로 감싸 안으려는 경향이 있다. 식물이든 동물이든 지구상에 나온 생명체라면 지구 전체를 하나로 품으려는 열망을 가지고 뻗어 나간다. 사람은 발로는 땅을 디디고 머리로는 하늘을 이고 있다. 하늘과 땅이 사람에게서 만난다. 사람은 하늘과 땅의 우주를 통일하는 존재다.

사람이 몸으로 하늘의 원기를 숨 쉬는 것이 하늘과 땅과 사람의 통일, 천지인합일이다. 밥을 먹고 소화, 흡수하고 배설하는 과정도 천지인합일의 과정이다. 우리가 먹는 모든 곡식이나 먹을거리가 흙에서 나온 것이면서 하늘 바람의 기운을 받은 거다. 하늘과 땅이 만나서 된 거다. 하늘과 땅이 만나서 이루어진 음식을 사람이 먹는 것이 천지인합일을 이루는 것이다. 사람이 사람다우려면, 숨이 머리에서 발끝까지 통하고 밥이 입에서부터 항문까지 잘 통하고, 피가 손끝에서 발끝까지 통해야 한다. 사람은 하나로 회통하는 존재다.

유영모 선생은 몸과 마음을 곧게 하면 회통이 이루어진다고 했다. 사람이 하늘과 땅 사이에 곧게 설 때, 하늘과 땅과 사람이 잘 통하고 몸과 마음이 잘 통하고 머리끝에서 발끝까지 피도 잘 순환하고 오장육부가 서로 잘 통한다. 몸과 마음이 통하면 뼈마디 마디도 잘 통한다. 몸이 곧으려면 먼저 마음이 곧아야 한다. 마음이 곧으려면 땅에서 하늘을 향해 곧게 서야 한다. 하늘의 빈탕한데, 하늘의 공空과 무無의 세계에서만 마음이 곧을 수 있다. 물질적인 욕심과 집착, 물질로 자극되는 감정, 이런 것에 마음이 붙잡히면 곧을 수가 없다. 마음이 곧게 쭉쭉 펴는 자리는 하늘이고 허공이다.

마음과 몸이 곧게 될 때 오장육부, 숨과 피, 뼈마디 마디가 서로 잘 통한다. 몸살림 운동가 김철은 척추와 골반뼈가 곧고 똑바른 사람이 드물다면서 뼈가 곧고 바르지 못하면 통증이 오고 질병이 생긴다고 했다. 골반과 척추를 곧게 맞추면 대부분의 병이 낫는다고 한다. 김철은 '곧으면 통한다'는 유영모 선생의 가르침과 자신의 주장이 일치한다고 했다. 하늘을 향해 마음이 곧으면 두루 통한다. 피도 잘 돌고 뼈마디 마디와 오장육부가 잘 통한다. 그뿐 아니라 생각과 논리도 잘 통한다. 하늘을 향해 곧게 선 사람이 있으면 돈도 일자리도 사람들에게 고루 잘 돌아갈 것이다. 저만 먹고살려고 움켜쥐니까 돈도 일자리도 막혀 있다. 하늘을 향해 몸과 마음을 곧게 펴는 사람은 돈도 일자리도 잘 돌아가게 한다.

모든 생명체는 물질과 정신, 땅과 하늘처럼 전혀 다른 것을 하나로 만들려는 강력한 열망을 가지고 있다. 서로 다른 것이 하나가 되려는 간절한 꿈이 생명 속에 담겨 있다. 사람이 숨을 쉬는데 숨이라는 것이 그렇게 간절할 수 없다. 한 순간도 숨을 못 쉬면 살 수 없다. 이 순간 살고자 숨을 쉬는 거다. 그러나 그 숨에는 이 순간만 살자는 것이 아니라 이어 이어 영원히 살자는 염원이, 영원한 생명에 대한 그리움이 담겨 있다. 덧없는 존재인 인간이 영원한 타자인 하나님과 하나가 되고자 하는 간절한 염원이 숨에 들어 있는 거다. 사람이 정말 행복하고 보람을 느낄 때가 언제냐면 다른 사람과 생각이 통하고 말이 통하여 서로 하나가 될 때다.

제3의 가운데 길을 찾아야

자기 속에서 생각이 뚫리고, 숨과 피와 밥이 잘 통하고, 사람과 사람의 생각이 잘 통할 때, 그때 보람을 느끼고 행복하다. 사람이 저만 위해 사는 것처럼 보이고, 제 멋에 겨워 사는 존재라고 생각되지만 역설적으로 사람은 전혀 다른 존재와 하나 되려는 꿈과 열망, 하늘, 하나님과 하나 되려는 간절한 염원을 가지고 있다. 하늘과 하나 되려는 사람의 꿈이 원대하지만 사람은 연약하고 자기에 매몰

되어 그 큰 꿈을 이루기가 어렵다. 땅의 물질에 끌리는 사람의 욕심은 사나운데 하늘을 향한 도심道心은 미약하다.

그래서 자연의 조화인지 신의 섭리인지 사람을 남녀로 만들어 놓았다. 생물학적으로나 심리학적으로 남자와 여자가 사람 가운데 서로 가장 다른 존재이다. 남녀 속에는 상대를 서로 그리워하는 강력한 충동, 사랑이 들어 있다. 남자는 남자만으로 만족하지 못하고 여자는 여자만으로 만족하지 못한다. 그래서 남자는 여자를 찾고 여자는 남자를 찾는다. 남녀가 서로 만나 사랑하는 목적은 남자는 남자를 넘어서는 존재가 되고 여자는 여자를 넘어서는 존재가 되는 데 있다. 남녀 관계의 목적은 단순히 남녀가 만나서 사귀는 데 있지 않다. 남자는 남자를 뛰어넘고, 여자는 여자를 뛰어넘어 온전히 하나가 되어 남자와 여자를 초월하자는 것이다. 남녀를 초월하고 남녀를 종합한 사람, 온전한 사람이 되자는 것이다. 사람이 어려서나 늙어서는 남녀의 구분이 희미해진다. 예수, 공자나 노자, 소크라테스나 예레미야의 깨달음에는 남녀의 구별이 없다. 하나님은 남자도 여자도 아닐 것이다.

남자 하나로는 또는 여자 하나로는 온전한 사람이 될 수 없다. 둘이 만나 온전한 사람, 한 사람, 하늘인 사람, 그런 사람이 되기 위해 남녀가 만난다. 예수도 "하늘나라에 가면 시집가고 장가가는 일이 없다" 했다. 단순히 남녀가 만나 가족을 이루는 것은 실패할 수밖에 없다. 남녀가 만나서 서로 사랑하고 하나가 되려고 하지만 그 목적은 남자는 남자를, 여자는 여자를 넘어서 온전한 한 사람이 되자는 거다. 이 경지는 하나님 앞에 가야 이루어진다. 여자 안에 또 남자 안에만 머무르면 안 된다. 남녀가 서로 만나는 것도 남녀를 초월하는 온전한 한 사람이 되자는 것이니 연애는 사실 완성될 수 없다. 연애가 지속되고 완성되려면 남녀가 남자와 여자를 넘어 서로에게서 하나님(그리스도)을 만나든지 하늘을 봐야 한다. 남녀 관계만으로는 각자가 지닌 깊은 욕구를 채울 수 없다.

남자 유전자와 여자 유전자가 정자와 난자를 통해서 만나 하나가 되면 남자도 여자도 아닌 온전한 한 사람이 나와야 하는데 그렇지 않다. 아들이나 딸이 된다. 이것은 남녀가 만나 가족을 이루는 일이 실패할 수밖에 없음을 말해 주는 것 같다. 그러나 실패를 거듭하면서 '한 사람'이 되려는 노력을 거듭하는 것이 가정의 목적이 아닐까. 그리스도와 같은 온전한 한 사람이 나올 때까지, 온 인류가 '한 사람'이 될 때까지 남녀가 만나서 실패의 되풀이를 해야 할 것이다. 남녀가 만나 가정을 이루고 참 사람, '한 사람'이 되려는 꿈이 그 가정 안에 희미하게라도 살아 있는 한, 가정은 실패가 아니라 하나 되려는 인류의 꿈의 산실, '한 사람'을 낳는 산실이 될 것이다. 성현들이 이성과 영성의 자각을 말하고 이성과 영성 안에서 발견한 영원한 생명은 남자도 여자도 아니다. 그것은 참 하나의 사람, 하늘의 사람이다.

유영모 선생은 성性은 하늘과 자연의 본성을 뜻하는데 서양 사람들은 성을 'sex'로 만들었다고 책망했다. 사람은 본능적 충동, 에로스, 탐욕과 분노와 어리석음에 싸인 존재다. 이런 것들이 사람의 이성과 영성을 사슬처럼 묶고 있다. 사람이 하늘로 올라가 영의 존재가 되는 것을 막고 땅의 사람으로 머물게 한다. 그런데 인간의 본능적인 충동에는 다른 힘도 들어 있다. 유영모 선생은 인간의 에로스적 본능, 어리석은 편견, 탐욕과 분노와 어리석음, 탐진치, 이런 것들이 다 사람을 고동쳐서 하늘로 올라가게 하는 밑바닥 힘이라고 했다. 유영모 선생은 탐진치가 사람의 살림 밑천이라고도 했다. 인간의 본능적인 충동, 성性, sex에는 이처럼 상반된 힘, 상반된 작용이 있다. 이게 모순이다. 유영모 선생은 인간 본능의 이런 모순과 역설을 그대로 받아들여야 된다고 했다.

인간의 성적 충동이 지닌 이런 모순과 역설을 인정하면 남녀의 성에는 하늘의 사람이 되려는 바탈性이 들어 있다. 하늘의 성聖과 남녀의 성性이 만나는 지점이 있다. 하늘의 참 사람, 하나의 사람이 되자는 꿈을 이루려는 노력이 가정 안에서 끊임없이 시도되지만 가정 안에서는 이 꿈을 이룰 수 없다. 그래서 인류 역사는 가족을 넘어서 씨족 사회, 국가 사회로 넘어갔다. 가족 바깥에서 큰 나, 하나의 나, 전체의 나를 발견하려고 했다.

국가는 사람들을 끌어들여서 하나의 울타리 안에 모아 놓고 조직한다. 국가는 민중을 울타리 안에서 보호하기도 했지만, 군사력과 돈과 조직으로 인민을 잔혹하게 억압하고 착취했다. 국가는 미성숙한 민중의 후견인 구실을 했다. 국가는 매우 잔인한 후견인이었다. 그동안 국가가 얼마나 많은 전쟁을 했고, 민중을 착취했는가. 이제는 민주 시대, 과학 시대이자 세계가 하나로 통하는 시대가 왔으니까 후견인으로서의 국가는 필요 없다. 국가가 필요하다면, 민民을 주체로 섬기는 도구적 기관으로서의 국가가 필요한 거다. 민주 시대의 국가는 예전처럼 인민 위에 군림하는 기관이 아니라 국가의 토대이고 주체인 민을 주인으로 섬기는 기관이다.

민을 주인으로 섬기는 국가는 더 이상 국민을 억압하고 착취하지 않는다. 이런 국가는 다른 나라의 국민들을 억압하거나 착취하지도 않는다. 민을 섬기는 국가는 민과 함께 억압이나 착취가 없는 세상으로 나아간다. 민을 섬기는 국가의 시대는 국가의 장벽과 경계를 넘어서 세계가 하나로 되고 동서 문명이 하나로 되는 세계 통일의 시대로 들어간다.

세계 통일의 시대로 들어가기 위해서는 세 가지 원리가 있어야 한다. 첫째는 크게 하나 되는 원리다. 둘째는 가운데 길의 원리다. 셋째는 스스로 하는 주체성의 원리다.

첫째, '큰 하나 됨'의 원리는 서로 '하나'의 품으로 받아 주는 원리다. '큰 하나' 속에 들어오면 누구나 자유롭고 평등하다. 차별이 있으면 하나가 아니다. 그 하나 됨의 원칙을 지킬 수 있을 때 세계가 하나 될 수 있다. 내 속에 '하나'가 있고 또 다른 사람 속에도 '하나'가 있어서 서로 하나 됨을 감당하고 받아 줄 때 비로소 세계가 하나 될 수 있다. 흑인을 만나면 차별하지 않아야 한다. 백인을 만나면 백인이나 자신을 업신여기지 않아야 한다. 흑인은 흑인대로 백인은 백인대로 황인종은 황인종대로 저마다 저답게 하나 됨의 자리로 들어가야 한다.

종교도 마찬가지다. 기독교는 기독교대로, 불교는 불교대로, 이슬람은 이슬람대로, 힌두교는 힌두교대로 다 완벽한 존재가 아니니까 자기 종교만 옳고 다른 종교는 그르다 하지 말고 전체 하나 속에서 각자 자기 진리의 꽃을 피우는 거다. 각자 자기 믿음의 열매를 맺는 거다. 남을 평가하지 말고 나는 내 종교에서 진리의 꽃과 믿음의 열매를 피워 내는 거다. 서로 그러다 보면 모든 종교들이 세계적으로 하나가 될 수 있다. 서로 다른 민족국가들도 마찬가지로 각자 개성과 전통을 꽃피워 낼 수 있다. 서로 다른 문화와 전통을 가진 민족국가들이 저마다 저답게 되면서 세계 안에서 하나가 되어야 한다.

둘째, 제3의 가운데 길을 찾아내야 한다. 선과 악이 본래 없는 것은 아니다. 우주 안에서 생명을 살리고 키우는 것은 선이고 생명을 죽이고 해치는 것은 악이다. 그러나 나는 선하고 너는 악하다거나 우리는 의로운 자들이고 너희는 불의한 자들이라고 주장한다면 그것은 진정한 선도 악도 아니고 진정한 의도 불의도 아니다. 아무리 선한 사람도 완전히 선하지는 않고 아무리 악한 사람도 완전히 악하지는 않기 때문이다. 생명을 살리고 키운다고 해도 그것은 생명 스스로가 하는 일이고 생명의 님이신 하나님만이 하시는 일이지 사람이 자신의 생명이나 남의 생명을 살리고 키울 수 있는 것은 아니다. 생명은 스스로 살고 스스로 피어나고 스스로 꽃 피고 스스로 열매 맺는다. 그것을 하는 이는 생명 그 자체뿐이고 생명의 님이신 하나님뿐이다. 예수도 선한 이는 하나님 한 분뿐이라고 했다. 그러므로 사람들 사이의 선악 구분은 잘못된 것이다. 그런 의미에서는 선도 없고 악도 없다.

서로 부딪쳐 싸울 때 옳고 그름을 따져야 하지만 크게 보면 참으로 옳은 것은 생명 그 자체, 하나님뿐이다. 사람은 누구나 치우칠 수밖에 없다. 어느 쪽만 옳고 어느 쪽만 그르다고 할 수 없다. 치열하게 싸우더라도 싸움으로 그쳐서는 안 된다. 싸움은 결국 더 높은 화해와 일치로 승화되어야 해결된다. 화해와 일치가 불의한 강자를 정당화하고 의로운 약자를 누르는 것이어서는 안 된다. 반대로 의로운 약자가 승리하고 불의한 강자가 패하는 것도 역사의 한 과정으로서는 의미가 있지만 역사의 결말이 될 수도 없고 되어서도 안 된다. 역사가 구원을 얻으려면 이기고 짐이 없어야 한다. 서로 양보하고 질 줄 알아야 역사는 구원에 이른다. 서로 질 줄 알면 서로 이기는 길이 열린다.

서로 지고 서로 이기는 길을 찾는 것이 역사의 과정이다. 서로 부딪치는 사람들 사이에서 서로 지고 서로 이길 수 있는 가운데 길이 열려야 크게 하나 될 수 있다. 유영모 선생님이 '예수는 믿은

이 높낮(높고 낮고), 잘못(잘하고 못하고), 살죽(살고 죽고) 그 사이에 솟아오를 길 있음 믿은 이'라고 했다. 세상살이에는 높고 낮고 잘하고 못하고 살고 죽고의 차이가 있고, 높은 사람과 낮은 사람, 잘하는 사람과 못하는 사람, 산 사람과 죽은 사람 사이에 만나기가 어렵다. 갈수록 서로 멀어지고 다투게 된다. 그러면 세상은 지리멸렬하게 분열되고 흩어지고 만다. 싸움과 갈등, 미움과 저주가 그칠 수 없다. 생지옥에서 벗어나려면 가운데 길을 찾아야 한다. 이 길을 발견할 때 저마다 저답게 하면서 전체 하나가 될 수 있다.

셋째 원리는 스스로 하는 주체성의 원리다. 이것은 저마다 저답게 사는 원리다. 이게 가장 중요한 원리다. 내가 나답게 되려면 물질과 폭력의 종노릇을 버리고 물질과 폭력의 주인이 되어야 한다. 물질과 폭력에 대해 '나는 나다!'라고 선언해야 한다. 나는 돈이 아니고 나는 폭력에 매인 물질 덩어리가 아니다. 돈이나 물질, 폭력이나 힘을 부리러 왔지 돈이나 권력에 부림을 당하러 온 것이 아니다. 나는 본능의 충동을 이기고 본능의 주인 노릇을 하는 존재지 마지막까지 본능에 휘둘려 살다가 썩을 존재가 아니다. '나는 나!'라는 자유 선언이 우리 사회 속에 조그만 빈틈이라도 만들어 내면 서로 하나가 되는 바람이 불어올 것이다.

저마다 저답게 풍성해지고 아름다워지려면 가운데 길을 찾아야 한다. 나도 너도 모두 저답게 사는 가운데 길이 열릴 때 전체가 서로 하나로 사는 길이 열린다.

씨올을 받드는 사람들

씨올사상은 과거보다 오늘의 삶을 더 중요하게 본다. 오늘 살아가는 사람들이 더 중요한 거다. 유영모 선생은 금욕적인 측면이 있지만 전체적으로 보면 오늘의 몸 살림을 중요하게 여겼다. 육과 영을 통합하려고 했다. 또 맨발의 성자 이현필이 영성과 봉사의 생활을 위해 전라도 광주에 세운 동광원의 공동체적인 삶을 높이 평가했다. 유영모 선생이나 함석헌 선생은 자신을 가장 낮은 씨올이라고 했다. 유영모 선생의 외모나 체구에 비해 함석헌 선생은 풍채도 좋고 인물이 출중하다. 60년대 스웨덴에 갔을 때 길거리의 아이들이 함 선생의 흰 한복과 흰 수염, 흰머리를 보고 'He is God! He is God!'(저이가 하나님이다! 저이가 하나님이다!) 하면서 따라 다녔다고 한다. 함 선생의 풍모가 스웨덴의 어린아이들에게 하나님다운 신성함을 느끼게 했던 것 같다.

함 선생님이 60년대 초반에 대광고등학교에서 강연을 할 때는 8만여 명이 모였다고 한다. 또 세종문화회관에서 강연할 때는 사람들이 너무 많이 와서 마이크를 실외로 달았는데 안팎으로 사람이 가득 차 그 열기가 너무 높으니까 사람들이 무슨 일이 일어나는 줄 알았다고 한다. 또 어떤 사람은 함 선생이 강연을 하는데 선생의 기운에 압도되어 함 선생이 하나님이라는 확신이 들었다고 했다. 넘치는 카리스마와 무슨 기운이 그때 함 선생님에게 있었던 거다. 그러나 강연할 때 치는 박수 소리를 들으면 함 선생님은 '이 박수는 내가 받을 박수 소리가 아니'라면서 '언제나 마음으로 비켜서지 않을 때가 없다' 했다.

함 선생은 자기는 언제나 아무것도 아니라며 하나님만 내세우고 씨올만 받들었다. 유영모 선생도 자신은 작은 씨올 가운데 하나라면서 씨올들을 높이 받들었다. 그렇다고 씨올들이 그것을 알아주었는가. 그것을 알아주었다면 씨올운동이 힘 있게 일어났을 것이다. 우리를 씨올로 대접해 주는 유영모, 함석헌 선생을 알아줘야 하는데 현실은 그렇지 않다. 거꾸로 '내가 메시아다!', '내가 우주의 아버지다!', '내가 하나님이다!' 하고 대놓고 사기 치는 이들에게 사람들이 아직도 몰려들고 있다. 지금 인류가 깼다고 하지만 성숙하지 못한 거다. 병든 사람이 더 많다. 씨올의 시대가 왔다고 하는데 좀더 기다려야 할지 모른다.

씨올사상은 정교하고 아름답고 수준 높은 가르침의 체계다. 깊이가 있고 진실하다. 그렇지만 아직은 대중과 깊이 만나지 못하고 있다. 씨올사상은 유영모, 함석헌이라는 위대하고 걸출한 인물로부터 싹텄다. 식민지 백성인 밑바닥 민중의 고통스러운 삶을 통해 성현들의 가르침이 정화돼서 그 알짬이 들어와 씨올사상에 압축되어 있다. 유영모, 함석헌 두 선생님은 민(民)을 깨워서 살리려 했다. 자신들보다 민을 앞세우고 중심에 세웠다. 민이 깨어나 스스로 자신의 삶을 꽃 피우고 열매 맺게 가르치고 이끌었다.

씨올 생활자치공동체가 나와야

세계평화와 통일을 이루고 씨올의 세계로 가야 한다. 그러려면 우리는 숨을 바로 쉬는 것부터, 밥을 알맞게 먹는 것부터 해야 한다. 우리 삶 자체가 천지인합일을 이루는 삶이어야 한다. 하늘과 땅과 하나 되게 몸과 마음을 통일시키는 삶을 살아야 한다. 그런 생활양식이 나와야 한다. 그래야 세계 통일의 길로 갈 수 있다. 몸과 마음이 대립해서 싸우고 내 삶 자체가 분열되어 있고 일상생활에서 서로 다투는데 어떻게 세계 통일이 되겠는가. 내 삶에서부터 세계 통일이 가능한 생활 정신과 양식이 나와야 한다. 더 나아가 가족 단위를 뛰어넘는 씨올생명공동체들이 여러 가지 다양한 형태로 나와야 한다.

지금 돈, 지식, 정보가 세계 통일을 앞장서 끌어가고 있기 때문에 민주 시대라고 하면서도 민중은 돈으로부터 소외되고, 조직으로나 인맥으로 소외되는 심각한 상황이다. 가족이 해체되고 있다. 2012년 9월 현재, 1인 가구가 전체 가구의 25퍼센트에 이르고, 미혼 인구가 급속히 늘고 있다. 혼자 사는 노인들이 너무나 많다. 애완동물을 돈 있는 사람들이 많이 기르는 줄 알았는데, 홀로 사는 노인들이 많이 기른다. 가난하고 힘없는 사람일수록 인맥이 끊어지고 외롭게 산다.

가족이 무너지고 있다. 가족 개념을 근본적으로 다시 정립해야 하지 않을까. 2천 년 전 예수님이 '아버지의 뜻을 행하는 사람이 내 가족이다'라고 했다. 혈연 가족을 깨고 나온 거다. 우리 시대에 혈연 가족이 밑바닥부터 깨지고 있다. 기존 가족제도에 매일 필요는 없다. 새로운 형태의 다양한 가족들이 나올 수 있지 않을까. 가족들끼리의 다양한 연대나 공동생활 양식을 만들어 갈 수도 있다. 홀로 사는 이들이 함께 만날 수 있는 삶의 구조가 만들어져야 한다.

오늘의 사회는 혼자 살다 혼자 죽는 사회다. 최근 일본에서는 혼자 살다 죽은 사람의 장례를 치러 주는 사업이 성업 중이다. 한국도 혼자 살다 혼자 죽는 사람들이 늘어난다. 이렇게 사회의 근본 토대가 무너지면 결국 이 문명사회는 망하고 만다. 일본과 한국이 경제가 발전해 있지만 더 발전한다고 나아질 것 같지가 않다.

지금은 느슨한 생활공동체를 만들고 정치적인 힘을 길러서 소외된 사람을 붙잡고 함께할 수 있어야 한다. 그래서 씨울 생활자치공동체가 나와야 한다. 죽을 때는 혼자 죽는 게 아니고 공동체적인 연대 속에서 죽도록 해야 한다. 생활자치공동체가 이루어지려면 자연 생태계와 화해하고 식물, 동물들과 화해해야 한다. 땅을 사랑하지 못하고 식물을 사랑할 수 없고, 식물을 사랑하지 못하는데 동물을 사랑할 수 없다. 동물을 사랑하지 못하는데 어떻게 사람을 사랑하겠는가? 외롭고 힘든 사람을 사랑하지 못하면서 인류를 사랑한다고 할 수 있을까? 사람을 사랑하지 않으면서 하나님을 사랑한다는 말은 곧이들리지 않는다.

함 선생님은 인류 문명을 독특하게 이해했다. 그에 따르면 목축문명의 목적은 고기를 얻는 데 있지 않다. 가축을 길러서 고기를 얻는 것은 부차적인 목적이다. 목축의 참된 목적은 동물들을 사귀고 아는 데 있다. 목축을 함으로써 사람은 동물과 친구가 된다. 내가 어릴 적에 집에서 소, 닭을 길렀는데 가축과 사람이 매우 친밀해지는 경험을 했다. 지금도 티베트에서는 야크를 기른 후 잡을 때 희생제를 드린다. 인디언은 열매를 따거나 작은 나뭇가지를 자를 때도 나무에게 이해를 구하고 허락을 받는다고 한다. 사람은 식물이나 동물과 깊은 사귐과 교감 속에서 살았다.

함 선생에 따르면 농사의 목적도 낟알을 얻어 배부르게 먹자는 것이 아니다. 농업 문명의 목적은 식물과 사귀고 식물을 아는 데 있다. 식물의 생육과 결실 과정에 작용하는 자연법칙과 질서에 순응하고 자연법칙과 질서를 익히기 위해 농사를 짓는 거다. 광공업도 쇠붙이를 얻기 위해서가 아니라 우주적 물질 요소들의 성분과, 물리화학 법칙과 이치를 앎으로써 우주를 알고 사람 자신을 아는 데 목적이 있다. 이건 문명에 대한 심오한 얘기다. 함 선생의 문명관에서 보면 오늘의 문명은 본분에서 벗어나 얼마나 타락했는가? 사람들이 서로 화해하고 하나가 되려면 먼저 문명의 근본 목적과 사명을 회복해야 한다. 광물질, 식물, 동물로 이루어진 자연 생명세계와 화해하고 하나가 되지 않으면, 인류의 세계 통일은 이루어질 수 없다. 사람들의 건강을 해치는 오염된 먹을거리를 만들어 내면서 도

시와 농촌이 화목할 수 있는가? 가축들을 공장에서 잔혹하게 사육하면서 어떻게 상생과 공존의 세상을 말할 수 있을까? 원자 세계와 나노 세계를 잘못 다루면 인류 전체가 망할 수 있다.

가족은 밖을 향해 열려야 한다

오산학교의 특징은 선교사의 영향을 받지 않고 자립적인 민족 교육을 한 데 있다. 기독교 신앙의 열정을 가지고 오늘 민중의 삶에 집중했다. 한국의 신흥종교가 돈을 끌어 모으고 조직화해서 세계적인 종교로 나아간 경우가 있지만 유영모, 함석헌 선생은 조직과 돈을 끌어 모으는 일은 하지 않았다. 함 선생은 선한 세력도 조직되어야 한다고 여러 차례 역설했고 〈씨올의 소리〉를 하면서 돈이 궁하기도 했지만 큰 조직을 만들거나 돈을 모으려고 하지는 않았다. 나는 씨올운동을 전개할 때는 어느 정도 조직이 있어야 하고, 소득과 수입의 일정 정도를 거두어야 한다고 생각한다. 돈이 없는 사람은 어쩔 수 없지만 여유가 있는 사람은 공적인 일을 위해 돈을 내야 한다. 그래야 연대나 공동체 운동이 되지 않겠는가.

함 선생님은 민족은 존중했지만 민족주의는 싫어했다. 그는 나라와 국가를 구분했다. '나라'는 삶 속에서 자연스럽게 형성된 것으로서 소중하게 생각했지만 국가는 정치적인 체제이고 제도라고 생각했다. 국가가 미성숙한 민중을 혹독하게 단련시키는 못된 후견인 역할을 했다. 그러나 지금은 후견인으로서 국가는 필요 없다. 민(民)이 성숙한 민주 시대다. 그래서 민중을 보호, 감독하려는 국가주의를 벗어나는 것이 최대 과제다.

씨올사상을 아나키즘 시각에서 보는 이가 있다. 그런데 아나키즘은 다양한 편차를 지닌 말이다. 모든 지배 권력을 부정한 유토피아적 민중주의를 뜻하기도 하고, 어떤 경우는 생태 환경을 보호하고 민중의 자유와 평등을 실현하는 정부 구성을 뜻하기도 한다. 유영모, 함석헌의 씨올사상이 민중을 억압하는 국가 권력을 비판하고 거부한다는 점에서 아나키즘과 통하지만, 기본적으로 씨올사상의 원조인 안창호, 이승훈이 나라를 잃었을 때 나라를 되찾고자 신민회를 만들고 오산학교를 세웠다는 점에서는 아나키즘과 거리가 멀다. 이들의 기본 관심과 목적은 나라를 되찾고 세우는 거다. 그런 점에서는 아나키즘이 아니다.

새로운 미래를 열기 위해 가족 단위를 뛰어넘는 씨올생명공동체가 나와야 한다. 대가족이 해체되고 핵가족이 되었는데, 핵가족마저 무너지고 있다. 그렇다고 가족을 부정하고 가족의 대안을 생각하는 것은 욕심일 수 있다. 가정은 가정대로 지켜야 한다. 그나마 지금 건실한 것이 가족이다. 가족을 건실하게 지탱하면서 밖을 향해 열린 다양한 형태의 새로운 가족관을 모색해야 한다. 가족은 그 자체로 완성되지 않는다. 남녀가 서로 하나 되려는 가족의 목적은 가족 안에서 이루어지지 않고 하늘나라에 가야 이루어질 수 있다. 따라서 가족은 밖을 향해 열려 있어야 한다. 함 선생은 주례를 설 때 "세상에서 지치고 목마른 사람이 와서 찬물 한 그릇이라도 마음 편히 먹고 갈 수 있는 집안이 됐으면 좋겠다" 했다. 가정이 가정 안에만 머물러 있으면 참다운 가정이 될 수 없다. 내 딸이 소중하면 남의 딸도 소중한 줄 알아야 한다. 유영모, 함석헌 선생은 다 남을 위해 살자 하며 그렇게 사셨다.

내 가정의 힘과 사랑과 재물을 가정 없는 사람들과 나눈다면 이 땅에 평화와 통일의 길이 열리지 않을까? 가정이 없는 사람들과 느슨한 형태라도 서로 살림의 관계망을 형성해 가야 한다. 가족과 가족이 만나고 가족과 가족 없는 이들이 편하게 만나서 삶과 뜻을 나눌 수 있는 구조와 형태를 찾아내야 한다. 태어난 아기를 감당할 수 없어서 길에 내버리는 일이 없는 공동체적 삶의 구조를 만들고, 적어도 죽을 때 혼자 죽지 않는 삶의 연대와 통로를 열어야 한다.

우리 사회에서 서로 하나 되는 길이 열려야 남한과 북한이 하나 되는 길이 열리고 세계가 하나 되는 길이 열릴 것이다. 또 세계가 하나임을 믿고 세계가 하나로 되고 있음을 알고 그 길로 나아갈 때 우리 사회 안에서 서로 하나 되는 삶의 양식이 만들어질 것이다.

8장

씨올이 만들어 가는 세상
씨올과 섬김

씨올사상을 간략하게 정리하겠다. 왜 사람을 '씨올'이라고 하나? 첫째, 사람은 자연 생명의 씨알맹이다. 사람의 몸은 수십억 년 진화한 생명나무 꼭대기에 핀 꽃이고 열매다. 수십억 년 생명 진화의 역사가 몸의 유전자$^{DNA, RNA}$, 신경세포 속에 압축되어 있다. 수십억 년 생명 진화의 중심과 목적이 사람이다. 둘째, 인류 역사에서 직립 인간 2백만 년, 농업 문명 1만 년, 민족국가 5천 년의 씨알맹이가 사람이다. 인류 역사가 인간의 마음에 새겨져 있다. 역사의 중심과 끄트머리가 사람 속에 있다. 셋째, 사람 속에는 영원한 신적 생명의 씨알맹이, 얼과 혼이 있다. 생명의 가장 고귀한 알짬, 영원한 신적 생명의 씨알맹이가 사람 속에 있다. 사람의 얼과 혼은 우주의 보람이고 등불이다.

사람은 세 차원의 생명, 즉 자연 생명, 역사 생명, 신적 생명을 가지고 있다. 생명의 세 차원이 사람 속에서는 본능, 지성, 영성으로 나타난다. 이것을 다시 몸, 맘, 얼로 표현할 수 있다. 몸은 자연 생명, 맘은 역사 지성, 얼은 신령한 영성과 연결된다. 몸, 맘, 얼의 핵심 바탕을 감성, 지성, 영성이라고도 한다. 이들을 지칭하는 성性 자는 바탈 성, 본성 성이라 한다. 본능, 지성, 영성의 세 차원이 사람 속에 생명의 알맹이로 들어 있다.

씨올에서 '올'의 모음을 'ᆞ'(아래아)로 쓰는데, 'ᆞ'의 발음은 '아'를 가장 깊고 낮게 내는 소리라고 한다. 세 기본모음 'ᆞ', 'ㅡ', 'ㅣ' 가운데 'ᆞ'는 모든 모음들의 토대가 되는 원 모음이다. 그리고 '올'은 '알'이나 '얼'로도 읽는다. 씨올에서 '올'은 '알'로서 생명의 알짬, 알맹이를 뜻한다. 생명의 알맹이가 뭔가. 얼이다. 사람 속에는 생명의 알맹이인 감성, 지성, 영성이 있지만 알맹이 중에 알맹이는 영성이다. 씨올에서 '올'은 생명의 알맹이 '알'을 뜻하기도 하고, 알맹이 중의 알맹이인 얼을 뜻하기도 한다. 따라서 씨올에서 올은 알이기도 하고 얼이기도 하다. 그렇다면 '얼'이 무엇인가. 한없이 깊고 비어 있으면서 큰 하나인 하늘의 품성을 닮은 거다. 하늘과 소통하고 연락하는 것이 '얼'이다. 하늘과 소통하고 연락하며 하늘과 사귀면서 얼은 하늘을 닮아 간다.

'영' 또는 '얼'은 초월적 실재인 하나님, 하늘과 소통하고 연락할 수 있다. 우리가 지금 '하늘'이라고 읽고 발음하지만 '하늘'의 표기와 발음은 다양했다. 아래아를 써서 '한올'이라고 하면, 한얼, 한 알, 한울로도 읽고 발음할 수 있다. 하늘은 한없이 깊은 것이고, 나 눌 수 없는 전체 하나를 나타낸다. 하늘을 보면 하늘은 한없이 깊은 거다. 한없이 깊은 것이 뭔가. 우리 마음이 한없이 깊은 거다. 우리 의 영성이나 얼이라고 하는 것은 한없이 깊은 거다.

마음은 한없이 깊기 때문에 자유로운 것이고 주체적이다. 나 외의 다른 누구도 함부로 할 수 없는 존재다. 왜냐. 한없이 깊으니까. 마음이란 무엇인가. 사람 몸 안에 하늘이 열린 거다. 마음속에 하늘 이 깃들어 있다. 동양철학에서는 마음과 하늘을 동일시한다. 마음 은 하늘을 반영한다. 그런데 하늘은 무한히 깊은 것이면서 나눌 수 없는 전체 하나다. 바꿔 얘기하면 빈 것이다. 비었기 때문에 무한히 깊고 나눌 수 없다. 서양에서는 없는 것은 없다고 하는데 동양에서 는 없는 것, 빈 것은 한없이 깊은 거고 절대 하나인 거다.

한없이 깊고 하나인 것을 유영모, 함석헌 선생님은 '한 나', '큰 나'라고 했다. 한없이 깊은 것이 주체다. 주체만이 깊다. 모든 물 질이나 현상들은 피상적이다. 그래서 남이 규정할 수 있다. 깊이가 한정되어 있으니까 잴 수 있다. 그러나 주체 또는 영혼은 하늘처럼 깊다. 깊기 때문에 남이 다 들여다볼 수 없고 잴 수 없고 헤아릴 수 없다. 그러므로 남이 어쩔 수 없다. 이것이 영혼이고 주체이며 '나' 라고 하는 거다.

사람의 관상을 본다고 하지만 진정한 의미에서 사람의 관상은 볼 수 없다. 관상을 본다는 것은 그 사람의 얼굴에서 성격과 틀을 보는 거다. 성격과 틀은 현상적인 껍데기지 속알맹이가 아니다. 관상이란 사람의 껍데기를 들여다보고 하는 얘기다. 사람의 얼굴에는 살아온 흔적이 드러나 보이고, 심리 상태가 엿보이니까 그것을 보고 그 사람의 운세가 어떻고 미래가 어떻고 하며 넘겨짚는 것이다. 점쟁이나 관상가가 사람 얼굴을 보고 얘기하는 것은 피상적이고 현상적이다. 우리는 그 사람의 깊은 속을 다 알 수 없기 때문에 그 사람의 운명과 미래를 말할 수 없다. 껍데기가 두껍고 단단하기 때문에 그것을 깨고 거기서 벗어나는 일이 쉽지는 않다. 그러나 그 껍데기를 깨고 생명의 속알맹이를 싹틔우면 한없이 깊고 자유로운 생명의 세계가 열린다.

예수님은 세리나 창녀에게도 하나님의 자녀라고 했다. 창세기를 보면 하나님의 모습대로 사람을 지었다 했으니까 사람 속에는 하나님의 얼굴이 있다. 하나님의 꼴이 있다. 그러니 사람의 속은 한없이 깊은 거다. 누가 하나님을 들여다볼 수 있나. 진짜 기독교인, 진짜 종교인이면 들여다볼수록 사람은 한없이 깊고 깊은 거다.

《장자》에 나오는 얘기다. 깊은 도를 가르치는 어떤 선생님이 계셨다. 그런데 그 동네에 유명한 점쟁이가 왔다. 이 점쟁이는 관상을 보면 다 알아맞혀 유명해졌다. 선생님의 제자들도 그 점쟁이를 보고 놀라워하며 선생님에게 관상을 좀 보라고 했다. 선생님이 허락해서 점쟁이가 선생님의 관상을 보고는 놀라고 당황해서 뛰쳐나

갔다. 왜 그렇게 가시냐고 했더니 '큰일 났다. 너희 선생님은 사흘 안에 돌아가신다'고 했다. 이 말을 들은 제자들이 선생님께 고하니 선생님이 다시 관상을 보라고 했다. 점쟁이가 다시 보고 나서 아까는 죽을 줄 알았는데 속에서 생기가 나오는 것이 다시 살아나시겠다고 하며 갔다.

선생이 다시 점쟁이를 불러 또 보라고 하니 점쟁이가 한참을 들여다보며 땀을 뻘뻘 흘리더니 도망을 가더라는 거다. 왜 도망했냐 물었더니 점쟁이가 말했다. "너희 선생님의 관상은 볼 수가 없다. 처음에는 얼굴에 죽음의 기운이 가득해서 곧 죽는 줄 알았다. 그런데 두 번째 볼 때는 죽음의 기운 가운데 생기가 돌아서 죽지 않을 줄 알았다. 그런데 이제 보니 기가 뒤죽박죽이라 관상을 볼 수가 없다." 선생이 말했다. "나는 일찍이 나의 기를 움직이는 도에 이르렀다. 그래서 첫날은 사기死氣를 끌어 올려서 사기로 채웠고, 두 번째는 생기를 움직였고, 마지막 날은 사기와 생기를 뒤섞어 흐르게 했다. 내 관상을 못 본다고 했는데 그게 맞는 거다." 속에 있는 기운의 흐름을 보고 관상이 이렇다 저렇다 얘기하는데 이건 낮은 단계에서 하는 얘기다. 정말 자기 기운을 끌어 쓰는 사람의 관상은 볼 수 없다.

내 얼굴에 생기가 있는 정도가 아니라 얼이나 신, 하나님이 들어 계시다면 얼마나 엄청나고 놀라운 경지일까. 예수가 '너희는 하나님의 딸이고 아들'이라고 했다. 하나님의 형상이 내 얼굴에 들어 있으면 내 관상을 어떻게 볼 수 있겠는가. 그래서 나는 관상이 있고 심상心相이 있고 심상 밑에 하나님의 형상이 있다고 한다. 관상은 그 사람이 이제까지 살아온 내력과 기세가 드러난 거다. 그런데 관상가들도 관상보다는 심상이 중요하다고 한다. 심상은 눈에 나타난다. 그래서 관상을 볼 때 마지막으로 눈을 본다. 아무리 관상이 좋아도 눈빛이 죽어 있으면 나쁜 관상이 되고, 아무리 나쁜 관상도 눈빛이 살아 있으면 좋은 관상이 된다. 눈이 관상의 90퍼센트 이상을 지배한다. 하지만 심상보다도 근원적이고 깊은 것이 마음의 주인인 얼이다. 얼이 마음의 주인이다. 얼이 살아 있는 사람에게 자기 운명의 주인공은 자기 자신이다. 그 점에서 운명은 없다.

씨올의 올이 얼을 나타낸다. 얼은 하나님과 소통하는 거다. 얼은 하늘의 빔을 품고 그 속에서 하나님을 모신다. 하나님을 모신 얼의 나는 '큰 나', '한 나我'다. 유영모, 함석헌 사상의 핵심은 '큰 나', '한 나'가 되자는 거다. 내가 하나님을 만난 것이 큰 나가 되는 것이고 큰 나에 이른 것이다. 큰 나에 이르려면 하나님을 만나야 한다. 하나님을 만나 하나님을 모시면 큰 나, 한 나가 된다. 그래서 하나님을 큰 나라고 하고 한 나라고 한다. 사람은 하나로 돌아가는 존재요 '한 나'가 되어야 할 존재다. '하나로 돌아감歸一', 이것이 씨올사상이다.

씨올사상을 얘기하면 말은 좋은 것 같은데 잡히는 게 없다고 한다. 그러나 잡히는 것이 없으니까 씨올사상이다. 잡히는 것이 있다면 뭘 주고받는 게 있다는 얘기다. 사람들은 남한테 의지하고 남이 무엇인가를 해주기 바란다. 물질적인 무엇이 주어지거나 사회의 변화를 가져다주거나, 기적이나 요행이 일어나기를 바란다. 밖에서 주어지는 것을 움켜쥐고 잡으려 한다. 이런 생각에 머물러 있는 사람은 씨올이 되지 못하고, 씨올정신을 모른다. 씨올정신을 모르면 구원받을 수 없고 바라는 세상이 될 수 없다. 남이 구원해 준다는 것, 누가 좋은 세상을 가져다준다는 것은 다 거짓말이다. 내가 나를 버리는데 누가 나를 건져 줄 수 있나? 누가 좋은 세상을 가져다주는가. 천 년이 가고 만 년이 가도 나와 너와 그의 '나'가 하지 않으면 아무도 좋은 세상을 가져올 수 없다. 좋은 일은 다 내가 먼저 해야지, 나는 꼼짝도 하지 않고 남을 통해서 한다는 것은 거짓이다.

그래서 씨올사상은 '내가 씨올'임을 선언한다. 내 몸속에 수십억 년 생명 진화의 역사 속에서 만들어 낸 유전자가 있다. 수십억 년 자라온 생명나무가 내 속에 자라고 있다. 오랜 세월 길러 온 생명의 고귀함이 내 속에 있다. 그러니 내가 얼마나 귀중한가. 보배 중의 보배다. 사람의 마음속에 우주의 곳간 열쇠가 있다. 무한한 잠재성과 가능성이 다 그 안에 있다. 우리의 감성과 지성은 무한한 우주와 생명과 물질의 신비스런 곳간을 열 수 있는 열쇠다. 하나님이 그 열쇠를 우리 마음의 지성에 주셨다. 영성은 그보다도 높은 하나님 세계에 들어갈 수 있는, 그 세계를 넘나들 수 있는 열쇠다.

우리 몸과 마음의 밭에 보물이 숨겨져 있다. 씨올사상은 '내'가 보물이라고 한다. 내가 씨올이라는 것은 내 속에 한없는 보물이 들어 있고 그 곳간의 자물쇠를 열 수 있는 열쇠가 내게 있다는 것이다. 다 내 속에 있는 거다. 이성과 영성을 바로 쓰기만 하면 생명과 정신, 우주 물질과 허공의 세계에서 한없는 보물을 이끌어 낼 수 있다.

대한민국 5천만 국민이 자기가 가지고 있는 지성과 영성을 바로 쓴다면 이 나라가 어떻게 바뀌겠는가. 당장에 다 부자가 된다고 할 수 없지만 엉터리 같은 일들은 다 없어질 거다. 이것을 깨닫지 못하기 때문에, 나도 그렇게 못하고 너도 못하고 누구도 못할 것이라 생각하고 사니까 세상 일이 바로 되지 않는다. 그러나 세상을 바로 잡을 생각을 하고 한 걸음씩, 한 걸음씩 그쪽으로 가다 보면 터무니없는 일은 없어진다. 터무니없는 일들이 사라지면 이치에 맞고 갸륵한 세상이 온다. 스스로 깨닫고 스스로 옳은 세상을 이루어 가는 이 길이 먼 것 같지만, 사실은 이 길이 지름길이다.

역사를 구원해 가는 방식

인류의 역사가 무엇인가. 하나님의 자리에서 보면 인간의 지성과 영성을 일깨워 참 사람이 되게 하는 교육과정이다. 인간의 자리에서 보면 스스로 훈련하고 교육하는 자기 교육의 과정이다. 무엇을 교육하는가. 자기 본성 즉 지성과 영성을 생각해서 그것을 깨닫고 실현하고 완성하는 거다. 이것을 가르치는 것이 종교였다. 옛날에는 정치도 교육도 종교에 다 들어 있었다. 과거로 갈수록 그렇다. 종교를 중심으로 인류 역사를 더듬어 보자.

첫 단계가 자연종교 시대다. 자연 속에서 신령한 것을 봤다. 나무나 돌이나 짐승에서 신령한 초월적인 존재를 봤다. 그때는 본능, 인간의 원초적인 욕망, 탐욕과 영성이 뒤섞여 있었다. 지금의 무당이나 샤머니즘이 자연종교를 나타낸다. 자연종교에서는 지성이 발달하지 못했다. 잘 먹고 잘살고 싶은 원초적 욕망과 하늘의 영성이 뒤섞여 버렸다. 자연종교는 기복종교다.

그다음 단계가 국가종교 시대다. 국가종교 시대에는 국가와 군왕에게서 초월적인 힘을 발견하려고 했다. 군왕과 국가가 신령하다고 본 것이다. 처음에는 제정일치여서 제사장이 왕 노릇을 했다. 나중에는 군왕 밑에서 제사장들이 종교를 이끌었다. 국가주의 시대에는 인간의 지성이 깨어나기 시작하여 꾀가 발달한다. 꾀가 뭔가. 어떻게 하면 잘 먹고 잘살까, 어떻게 하면 나는 힘을 덜 들이고 남에게 더 짐을 지울까 궁리하는 거다. 국가종교 시대부터 문명이 발달했다. 함 선생님은 문명의 역사를 꾀부림의 역사라 했다. 꾀를 잘 쓰는 머리 좋은 사람끼리 작당하고 힘을 모아서, 어리숙한 사람들을 지켜 준다며 공납을 바치게 한다. 그래서 꾀바른 사람들이 떵떵거리며 산다. 전쟁도 꾀부림이다. 전쟁해서 이기면 진 사람들을 노예로 삼고 그들의 재물을 빼앗아 편하게 호의호식하며 살았다.

꾀를 잘 쓰는 지식인들이 대체로 권력자에게 아부하고 권력자의 하수인 노릇을 한다. 권력에 봉사하기 위해 지식계급이 발달하고 학문이 발달했다. 글文字도 통치를 위해 나온 거다. 통치자의 명령과 뜻을 널리 알리고 실행하기 위해 글을 만들었다. 통치를 돕기 위해 글을 읽고 쓰는 사람들이 나왔다. 성직자도 학자도 꾀를 써서 될수록 자신들은 편하게 살고 어리숙한 백성들을 부려먹으려 했다. 꾀를 쓰는 이들이 힘을 모아서 국가를 만들었다. 그래서 국가와 국가 사이에는 전쟁이 일어나게 마련이다.

꾀는 지능知能에 속한 것이고, 지능은 낮은 단계의 지성이다. 지능과 참된 지성은 구별된다. 지성은 물질적 욕망과 집착에서 자유로운 고상한 것이다. 지능은 생의 원초적 본능과 의지에 매인 것이다. 흔히 지능은 본능적인 욕구에 봉사한다. 지능은 본능적인 욕구를 충족시키기 위해서 본능의 심부름꾼 노릇을 한다. 그런 지능은 짐승들에게도 있다. 지능이 승화되어 지성이 된다. 순수한 지성을 이성이라고 한다. 이성은 보편타당한 진리를 탐구하는 거다. 너와 나, 우리와 저들에게 똑같이 적용되는 보편적이고 객관적인 이치를 탐구하는 것이 이성이다. 본래 이성은 본능을 뛰어넘는 거다. 그러나 이성이 본능에 사로잡히면 본능의 종노릇을 한다. 이성이 본능의 종노릇하는 것이 꾀부리는 것이다.

영성은 본능의 굴레에서 이성을 해방하여 이성이 보편타당하고 객관적인 진리를 탐구하고 밝혀 내게 한다. 영성이 이성을 해방하지 않으면 이성은 본능의 종노릇을 한다. 종교개혁자 마르틴 루터는 "인간의 이성이나 의지는 창녀다. 악마에게 복속하면 악마의 종이 되고, 성령에게 복속하면 성령의 종이 된다"고 했다. 국가종교 시대는 이성을 가운데 놓고 본능과 영성이 싸우는 시대다. 달리 말하면 본능에 사로잡힌 이성과 영성에 사로잡힌 이성이 싸우는 시대다.

국가종교 시대에 인간의 지성이 발달했다. 꾀부림을 통해 머리 싸움을 하고, 종교적인 것과 세속적인 것이 갈라지고, 법과 제도, 산업과 기술도 발달했다. 인간의 꾀가 발달하고 산업이 융성하고 국가가 강대해졌다. 산업이 발달하고 인간의 탐욕이 커지면서 강대한 국가들 사이에 전쟁과 폭력이 확대되고 무질서와 혼란이 심해졌다. 이런 고통스러운 변화의 시기에 석가와 공자, 노자와 묵자, 소크라테스와 예레미야 같은 이들이 주도한 기축시대의 영성이 분출했다.

셋째는 기축시대의 영성종교 시대다. 2천5백 년 전 기축시대의 위대한 인물인 공자나 노자, 소크라테스 등은 이성과 영성의 자각을 이룬 사람들이다. 이들은 영원불멸하는 생명이 자연이나 국가, 왕에게 있지 않고 사람 속에 있음을 깨달았다. 사람 속에 이성과 영성이 있는데 이것이 영원한 생명의 씨앗이다. 사람마다 속에 불멸하는 생명을 지니고 있다. 이것이 기축시대 영성의 핵심이다. 기축시대의 영성이 나옴으로써 비로소 인간이 성인成人이 될 수 있었다. 사람이 자기를 발견하고 자기가 누군지를 알게 되었다.

이렇게 따져 보면 인류 역사는 아직 청소년기를 벗어나지 못했다. 성현들만 자각했을 뿐 대다수는 아직 자각하지 못하고 헤매고 있다. 적어도 18~20세가 되면 자기가 누군지를 알아야 한다. 자기가 이성과 영성을 지닌 존재임을 깨달아야 한다. 자신의 이성과 영성을 깨닫고 이성과 영성에 따라 살려고 노력할 때 비로소 성숙한 인간이 된다. 지금의 국가주의, 민족주의 5천 년 역사가 무엇을 뜻하는가. 이 역사는 끊임없이 꾀를 써서 우리는 편하게 살고 남을 희생시켜 보자는 역사였다. 서로 꾀를 부리면 서로 싸울 수밖에 없다. 내가 편하기 위해 남과 싸운다. 상대의 약점과 빈틈만 있으면 싸우려 든다. 인류 역사는 부와 권력을 쟁취하기 위한 투쟁의 역사다. 제국주의, 정복주의 역사다.

제국주의, 정복주의 역사는 자기모순이다. 다 지성과 영성을 가진 존재인데 자기가 열심히 일한 것을 왜 누구한데 바치고 뺏기나? 그러고 싶은 사람이 누가 있나. 처음에는 힘이 없고 속아서 그럴 수 있지만 천년만년 그렇게 하고 싶은 사람이 어디 있겠는가. 그러니 지배권력자들에게 빈틈만 있으면 억눌린 사람들이 작당해서 지배권력을 뒤집어엎으려고 싸우는 거다. 국가주의 문명은 끊임없이 분열하고 싸울 수밖에 없다. 이 싸움은 끝날 수 있는 싸움이 아니다. 왜냐. 나나 우리를 위해 남을 희생시키자는 것인데 그걸 받아들일 사람이 어디 있겠는가. 인류 역사의 의미는 이 싸움이 어리석은 싸움이라는 것을 깨닫는 데 있다. 그러나 서로 무기를 들고 치고받으며 죽이고 죽는 싸움의 상황 속에서 싸움의 어리석음을 깨달고 싸움을 중단하기는 어렵다. 그래서 선각자들이 비폭력투쟁과 영성을 설파할 때는 싸우지 말라고 하면서도 불의한 세력과 타협하지 않는다. 비타협적으로 불의한 세력과 싸우면서 고난을 당하고 죽음을 감수하면서 사랑으로 싸움을 넘어서는 것이 깨달은 사람들이 역사를 구원해 가는 방식이다.

각자가 내놓아야 하나님 나라다

씨올의 자각은 섬김으로 이끈다. 지나온 인류 역사에 비추어 보면 우리가 서로 섬긴다고 하는 것, 이것이야말로 천지개벽이다. 내가 잘 먹고 잘살기 위해서 힘과 꾀로 남을 누르고 희생시켜 왔던 것이 5천 년 국가 문명의 역사다. 내가 자발적으로 남을 섬긴다는 것은 이 역사를 뒤집는 것이다. 나보다 더 가난하고 어려운 사람, 힘없고 어리숙한 사람을 섬기는 것은 지난 5천 년 역사를 거슬러 전혀 새로운 역사를 여는 것이다. 이것이 개벽이다.

예전에도 자기를 희생하여 남을 섬기는 일이 없었던 것은 아니다. 오히려 생명의 근본 자리, 밑바닥 민중의 삶에서 보면 나를 희생하고 사랑으로 섬기는 것이 생명과 역사의 근본 흐름으로 보인다. 사랑으로 서로 돌보는 가운데 생명 진화가 이루어지고 민중의 삶이 지탱되고 성숙해졌다. 인류가 오늘까지 문명을 발전·승화시킨 것도 자기를 희생하고 남을 돌보고 섬기는 사랑의 마음이 있었기 때문이다. 만일 이런 마음이 없고 서로 잡아먹자는 마음만 가득하고 싸움질만 했다면 일찍이 인류는 멸망했을 것이다. 생명 진화와 인류 역사의 원류는 사랑으로 서로 돌보고 섬김이다. 그러나 지난 5천 년 국가 문명의 역사는 전쟁과 폭력으로 얼룩졌고, 남을 희생시키고 서로 죽이는 경쟁과 투쟁의 흐름이 지배했다. 생명 진화와 역사의 표면을 지배한 것은 약육강식과 정복을 위한 투쟁이었다. 나를 위해 남을 희생시키는 것이 생명과 역사의 주된 흐름이고 원리처럼 여겨졌다.

나를 희생하여 남을 돌보고 섬기는 것은 생명과 역사의 표면적인 흐름을 거스르는 것이고 생명과 역사의 근본으로 돌아가는 것이다. 이것은 역사와 사회의 천지개벽이면서 근원적인 생명회복 운동이다. 참된 섬김은 약자가 어쩔 수 없이 강자를 섬기는 것이 아니다. 스스로 자기를 깨달아서, 제 속에서 영원히 죽지 않을 힘을 얻어서 그 자유로움을 가지고 남을 섬기는 것이다. 남을 섬기는 것은 나도 살고 세상도 살린다. 섬김은 삶의 근원으로 돌아가는 것이고, 새 삶의 양식을 실현하는 것이다. 섬기는 것은 나와 세상을 구원하는 거다.

'나'를 가리키는 한자어 '我'(아)는 손에 창을 쥔 모습을 나타낸다. 손 수扌 변에 창 과戈가 합쳐진 글자다. 국가문명이 시작되던 5천 년 전쯤 한자가 생겼다. 글자에 국가주의 색채가 반영되었다. '我'는 무기를 들고 적에 맞서 나를 지키는 거다. 사람이 손에 창을 쥐고 있는 것은 무엇인가. 그것은 호랑이나 사자가 날카로운 발톱으로 자기를 지키고 남을 희생시켜서 잡아먹는 동물적 습성의 연장이다. 발톱 버릇을 못 잊어서 창을 쥐고 있는 거다. 하나님이 자연 생명 과정에서 수백만 년 수천만 년 발톱을 퇴화시켜서 사람을 이성과 영성의 존재로 길러 주셨다. 바꾸어 말하면 자연 생명의 역사가 사람의 발톱을 퇴화시켜서 이성적이고 영성적인 존재로 만들어 준 거다.

그런데 사람이 아직 손에 창을 쥔 것은 그 발톱 버릇의 연장이다. 이것은 인간의 퇴행된 모습이지 참다운 모습이 아니다. 더욱이 이것이 인간의 미래 모습일 수는 없다. 아직은 사람이 창칼을 들고 있지만 그것으로는 참다운 인간이 될 수 없고 인간의 미래가 열릴 수 없다. 그것으로는 인간 사회가 구원될 수 없다. 예수는 "나는 하나님의 아들이다. 섬김 받으러 온 것이 아니라 섬기러 왔다"고 했다. 예수의 말씀 한 마디 한 마디가 인생과 역사와 세계를 꿰뚫는다. 예수는 인간과 역사의 개벽을 선언한 거다. 말로는 섬기자고 하면서 실제로 섬기자고 하면 웃는 사람이 많은 시대다. 그러나 섬김으로써만 사람이 변화되고 세상이 바뀔 것이다. 섬기지 않고는 새 세상이 오지 않을 것이다.

씨올의 관점에서 보면 우리 사회는 위기에 빠져 있다. 그것도 문명사적인 심각한 위기에 빠져 있다. 이제까지 지난 수만 년의 역사에서, 국가 문명 5천 년 인류역사에서 경험하지 못한 근본적인 변화를 겪고 있다. 오늘처럼 경제가 발달하고 산업기술이 발달한 사회임에도 사회적 양극화가 이처럼 심화된 때가 없었다. 빈부 격차가 이렇게 심한 때가 없었다. 얼마 전까지만 해도 우리 사회의 부자와 가난한 자의 비율이 20대 80이라고 했는데 얼마 지나지 않아 10대 90이라고 하더니 지금은 1대 99라고 한다. 내가 중·고등학교 다닐 때만 해도 미국을 비롯한 선진국들에서는 중간층이 다수이고 소수의 상류층과 소수의 하류층이 있다고 했다. 지금은 산업자본주의가 발달하면서 중산층이 해체되고 있다.

오늘 우리 사회에서 가장 심각한 것은 가족의 해체다. 수도권에서 1인 1가구 비중이 25퍼센트다. 혼자 살다 혼자 죽는 노인들이 많다고 한다. 오늘의 가난한 젊은이들은 결혼해서 가정을 꾸릴 용기를 내지 못하고, 결혼했다 해도 자녀를 낳아 기를 엄두를 내지 못한다. 사회의 근본 토대가 무너지고 있다.

경제는 성장하고 산업은 발전한다는데 일자리는 갈수록 줄고 있다. 기계와 기술이 발전할수록 사람의 일자리는 줄어든다. 이것은 개인의 문제가 아니다. 문명사회의 근본 문제다. 이대로 가면 사태는 더욱 어려워질 뿐이다. 가족이 해체되고 양극화가 심화되고 일자리가 없어지면 오늘의 문명사회는 망하는 거다. 기업가나 정치인들이 마지막 선을 지키고자 애쓰겠지만 근본적인 변화가 없는 한, 희망 없는 비참한 사회가 될 것이다. 인류 생존을 위해서도 근원적인 변화를 모색하고 대안을 만들어야 한다. 새로운 삶의 양식과 대안을 누가 만들어 내나? 현대 문명의 문제를 몸으로 겪고 있는 씨올들이 새로운 대안을 제시하고 새로운 삶의 양식을 만들어 가야 한다. 자각한 국민들이 정치인들에게 과제를 주고, 해결 방식까지 제시해야 한다. 씨올들이 상당히 구체적인 안을 가지고 정치인들을 이끌어야 한다. 그렇게 하지 않으면 정치인들은 끊임없이 기득권자들에게 끌려 다니며 헤매기 쉽다.

밑바닥에서 씨올들이 만든 대중조직도 끊임없이 기득권화되고 있다. 이러한 단체들의 대의원들이나 조직원들이 자기 지성과 영성을 바로 세우고 모르는 것이 있으면 물어보고 배우는 자세가 있다면 가까운 시일 내에 변화가 있을 것이다. 부패 세력도 부패의 고리로 연결되어 든든한 연대를 이루고 있다. 부패를 고발한 내부 고발자를 부패한 세력이 소외시키고 학대한다고 한다. 정의를 말하는 사람을 짓밟고 배척하는 사람들이 떵떵거리면 결코 공정한 사회가 될 수 없다.

공정한 사회가 되려면 씨올자치공동체들이 밑바닥에서부터 형성되어 올라와야 한다. 대의정치만으로는 한계가 있다. 씨올의 자치영역을 모든 분야에서 획기적으로 늘려야 한다. 그래서 씨올들의 생활 자치를 중심으로 대의정치가 그 위에서 꽃피게 해야 한다. 이것이 우리 사회의 과제일 뿐 아니라 세계의 과제다. 이것이 인류가 나아가야 할 방향이다. 각자 깨달으면 서로 연대하고, 서로 연대하면 새 힘이 나오지 않겠는가. '나'를 깨닫고 '나'를 찾은 씨올들이 서로 힘을 모으면 새로운 길이 나올 수 있다.

씨올사상은 지금 당장 무엇을 주는 사상이 아니다. 씨올사상은 각자가 내놓는 사상이다. 예수님의 하나님 나라 운동도 그런 것이 아니었겠나. 성경에 보면 보리떡 다섯 개와 물고기 두 마리를 5천 명이 나누어 먹고 열두 광주리가 남았다고 한다. 가난한 사람들이 자기들의 먹을 것을 내놓고 나눈 거다. 그러니 남는 거다. 각자가 형편에 맞게 조금이라도 내놓고 나누면서 기쁘고 보람 있게 살면 나눔과 섬김의 길이 열릴 것이다. 나눔과 섬김의 삶이 정말로 기쁘고 행복한 삶이라는 것을 보여 줄 수 있다면 부자들도 감동해서 그 길로 가지 않겠는가. 가난한 이들도 저만 알고 서로 싸우니까, 가난한 사람들도 다 똑같은 욕심꾸러기들이구나 하고 부자들이 생각을 바꾸지 않는다. 나눔의 사랑 속에서 보람과 행복이 있음을 보여 주고, 사랑의 나눔 속에서 사람이 사람 되고 하나님을 만난다는 것을 보여 줄 때 세상이 변할 수 있다.

싸울 때는 싸울 때대로, 없을 때는 없을 때대로 작은 것이라도 내놓으면 운동에 힘이 생기고 풍부해진다. 어느 누구에게 책임을 무겁게 지우지 말고 각자가 책임을 져야 한다. 무슨 일이든 나부터 해야 한다. 예수운동은 생활나눔운동이었다. 빈민이든 부자든 다 어울려서 하는 거였다. 자발적으로 헌신하고 나누는 운동이다. 작은 냇물이 큰 강물이 되듯이 낮은 단계에서 시작해서, 처음에는 작게 하지만 나중에는 다 함께 흘러가는 운동이 돼야 한다. 작은 것을 나눔으로써 서로 연대하고 한 길로 가다 보면 큰 길이 열려서 모두 함께 갈 수 있다. 이것이 씨올생명나눔 운동이고, 씨올세상 씨올누리의 출발점이다.

기축시대 너머의 영성으로

야스퍼스가 기축시대라는 말을 썼다. 국가종교 시대의 고비에 이르러 기축시대가 열렸다. 차축시대^Axial Age라고도 한다. 인류 역사를 보면 놀랍게도 2천5백 년 전 즈음에 서로 다른 문명권에서 인류의 성현들이 거의 동시에 나왔다. 이 사람들이 인류 역사에서 가장 깊고 높은 깨달음의 경지에 이르렀다. 종교와 철학의 가장 심오하고 높은 경지가 그때 다 나왔다. 그때 나왔던 깨달음과 영성과 철학적 사고가 인류 정신사의 차축시대다. 차축시대라는 것은 인류 역사의 가장 중요한 축이 되는 시대이면서 정신사의 전환점을 이루는 시대다. 여기서 고등종교들이 탄생하고 철학이 시작되었다.

물론 소크라테스 이전에 철학이 시작되었지만 소크라테스에 와서 비로소 인간중심적이고 이성적인 철학이 시작되었다. 최근 기축시대의 영성에 대한 야스퍼스의 책을 크게 확장해서 영국의 종교학자 카렌 암스트롱이 《축의 시대: 종교의 탄생과 철학의 시작》을 썼다. 이 책의 핵심은 인류의 성현들이 인간 내면에서 영원불멸하는 생명과 신적 영성이 있다는 것을 발견했다는 거다. 성현들이 인간의 이성과 영성에서 영원한 신적 생명을 발견하고 실현함으로써 인류 역사가 근본적인 전환을 이루게 되었다.

성현들의 깨달음을 통해 고등종교가 나왔는데, 고등종교가 기축시대 영성의 핵심은 계승하고 있지만 근본적으로 기축시대의 영성을 배신하고 있다. 기축시대 영성의 핵심은 자연종교 시대와 국가종교 시대를 극복하는 거다. 자연종교 시대는 본능적인 욕구와 영성을 뒤섞어 놓아서 인간 본능의 원초적 생명을 구원하고 살리려는 기복종교의 성격이 강하다. 그러나 기축시대 영성은 원초적인 생명의 욕구를 정화한다. 원초적인 욕망을 넘어서 영성적인 깨달음에 이르러야 한다는 것이 기축시대 영성의 핵심이다. 기독교도 육적인 '나'가 죽었다가 영적인 '나'로 다시 산다는 것을 강조한다. 그러나 지금 고등종교에는 자연종교 특성인 기복신앙이 너무 많다. 기복신앙을 넘어서자는 것이 기축시대의 영성이다.

오늘의 고등종교에는 국가종교의 성격과 잔재도 그대로 남아 있다. 국가종교는 군왕 중심의 사회체제를 지탱하고 강화하는 종교로서 성직계급의 종교, 제사와 교리 종교다. 엄숙한 의식을 통해 국가와 사회에 대한 백성들의 충성심을 묶어 내는 종교다. 국가종교의 이런 성격이 고등종교에 다 들어 있다. 기독교 등 고등종교에 원초적인 기복신앙과 국가종교가 비빔밥처럼 섞여 있다. 씨올사상은 성현들의 깨달음을 배워서 내가 깨달아 실천하는 사상이다. 나 자신의 깨달음과 실천을 추구하는 것이 씨올종교다.

함석헌은 인류 전체, 기축시대와 하늘을 생각하면서 근원적인 새로운 시대를 예감했다. 그는 새 시대를 위해 새 종교가 있어야 한다고 보았다. 새 종교는 '나'를 찾는 종교다. 초기 기독교 시대에는 물고기가 기독교의 상징이었다. 그리스어로 '예수 그리스도 하나님 아들 구세주'라는 문구의 첫 글자를 따면 물고기라는 말과 같다. 기독교인들이 박해받을 때 자기들 암호로 물고기를 그렸다. 함석헌은 물고기가 내 생명의 바닷속에 살아 숨 쉬고 있다고 했다. 씨올들의 본성의 생명 바다 깊은 곳에 살아 숨 쉬는 물고기를 잡으면 영원히 살 것이라고 했다. 씨올이 자신의 속 생명에서 '나'를 찾고 발견하여 나로서 나답게 사는 것이 구원이고 영원히 사는 것이다. '나'를 찾고 발견하는 것은 자기 속 생명의 바다, 감성과 이성과 영성의 바닷속에 살아 숨 쉬는 싱싱한 물고기를 잡는 것이다. 기도가 무엇이고 명상 수행이 무엇인가? 생각한다는 것이 무엇인가? 함석헌은 깊은 명상을 통해 생명의 바다에서 생각으로 '나'를 낚아야 한다고 했다. 생각함으로써 '나'를 낚는 것이 참되게 사는 것이고 영원히 사는 것이다. 생명의 깊은 바다에서 잡아 올린 싱싱한 물고기 같은 '나'를 가진 사람은 사랑과 정의를 위해 나누고 섬기는 일을 아무리 해도 지치지 않는다.

씨올사상은 기본적으로 기성종교를 무시하고 배척하는 것은 아니지만 기성종교에 만족하지 못한다. 유영모는 기성종교를 졸업

하라 했고 자신도 졸업했다. 함 선생은 기성종교에서는 인류를 구원하는 길이 나오지 않는다고 단언했다. 오늘의 이른바 고등종교들을 '지나간 종교'로 봤다. 함석헌은 씨올의 영성과 신앙에서 새 삶과 정신의 혁명이 이루어질 수 있다고 봤다. 지금 유럽의 교회가 텅텅 비었고, 미국의 기독교인 가운데 약 2천만 명이 기존 교회를 떠나서 신앙생활을 하고 있다고 한다. 한국에는 아직까지 기성종교가 융성한 편이다. 그러나 한국의 종교 상황도 머지않아 크게 변할 것이다.

오가와 교수는 씨올사상을 생태론적 관점에서 이해했다. 인간과 자연 생명의 화해와 일치가 씨올사상의 중요한 핵심이다. 씨올이라는 말 자체가 자연생태학을 가리킨다. 인간학의 지평을 넘어서서 생태환경과 만나는 거다. 역사와 지성뿐 아니라 신령한 생명까지 포함한다. 자연 생명, 역사 생명, 신령한 생명의 3차원을 통합하는 개념이 씨올이다. 씨올사상은 자연생태환경 운동을 포함한다. 오가와 교수는 다석의 씨올사상을 자기 자신을 불태워서 자기 자신을 정화시키고 자기와 이웃과 생태세계를 구원하려는 고결한 사상이라고 했다. 씨올사상은 생태계와 인간을 구원하는 사상이다.

길희성 교수는 사재를 다 털어 기숙하고 수련할 수 있는 심도학사心道學舍를 강화도에 세웠다. 동양 경전과 성경, 유영모와 함석헌의 사상을 여기서 가르친다. 길희성 교수는 이슬람의 한 영성가의 체험을 예로 들어 종교의 3단계가 있다고 본다. 이슬람의 성지 메카에는 무슬림 순례자들이 반드시 순례해야 하는 성소聖所 카바가 있다. 카바에는 검은 돌이 안치되어 있다. 영성가가 첫 순례 때는 카바는 보고 하나님은 볼 수 없었다. 두 번째 순례 때는 카바 안에서 하나님을 보았다. 세 번째 순례 때는 카바는 없어지고 하나님만 보였다. 이 영성가의 체험이 종교의 3단계를 나타낸다는 것이다. 카바는 상징이다. 예배나 십자가, 성경도 다 상징이다. 종교의 첫 번째 단계에서는 상징만 보고 하나님은 못 본다. 두 번째 단계에서는 상징 속에서 하나님을 본다. 세 번째 단계에서는 상징을 뛰어넘어 하나님을 본다. 모든 종교가 세 단계를 거친다. 모든 상징을 뛰어넘어 하나님을 보는 세 번째 단계의 영성을 초종교적 영성이라고 한다.

　　마지막 단계에 가서는 자기 종교의 상징을 뛰어넘어서 진리 자체, 하나님 자체로 들어가야 한다. 그러면 다종교적 영성과 초종교적 영성을 갖게 된다. 다종교적 영성은 기독교 신앙인이 기독교 신앙을 가지면서도 기독교에만 머물지 않고, 다른 종교와 소통하고 어울리는 영성이다. 초종교적 영성은 종교들의 교리나 제도, 예배 의식이나 성직 계급과 같은 표층적인 단계를 뛰어넘어 모든 종교가 하나로 통하는 영성이다. 유영모, 함석헌의 영성은 다종교적 영성이고 초종교적 영성이다. 다종교적이고 초종교적인 영성에 이르면 내가 나답게 살면서 너를 위해 너와 더불어 너를 섬기며 살 수 있다. 다종교적이고 초종교적인 영성은 서로 섬김의 영성이다.

나는 나답게 너는 너답게

내가 세상에 나와 산다는 것 자체가 신기하고 놀랍다. 세상에 태어나기 전에 나는 없었다. 길어야 100년 살고 나면 없어진다. 없었다가 갑자기 태어나서 잠깐 살다 없어지는 인생이다. 그러나 나는 생명을 이어 사는 존재다. 큰 생명의 흐름 속에서 태어나 생명을 이어받아 살다가 생명을 물려주고 죽는다. 나는 물려받은 생명을 크고 아름답게 만들어 물려줄 책임과 사명을 가진 존재다.

다시 없는 내 인생은 얼마나 값지고 좋은가. 그러므로 사는 동안 나 자신에게 유익하고 보람 있게 살아야 한다. 나뿐 아니라 나를 통해서 다른 사람에게도 보람 있고 의미 있는 삶을 살아야 한다. 나도 제대로 살고 남도 이롭게 살리자는 것이다. 제대로 살고 남을 이롭게 함으로써 이어받은 삶을 더 값지고 풍성하게 만들어 물려주어야 한다. 덧없는 삶에서 더불어 살면서 참된 삶과 영원한 보람을 이루자는 것이 씨올사상의 핵심이다.

　　이런 삶을 보여 주는 것이 자연에서 '씨'하고 '알', 씨올이다. 씨올은 지극히 작지만 그 작은 씨올을 통해서 생명이 엄청나게 깊어지고 넓어지고 커진다. 씨올은 남을 이롭게 함으로써 제 자신을 풍성하게 한다. 하나의 작은 개체를 통해서 많은 삶의 유익을 남기고 가는 게 씨올이다. 씨올이 땅에 떨어져 깨지면 그 씨올에서 싹이 트고 자라 꽃이 피고 열매를 맺는다. 씨올이 싹트고 자라 꽃 피고 열매 맺는 과정 자체가 아름답고 보람 있고 기쁘다.

　　씨올은 스스로 살아가면서 한없이 기쁘고 보람 있고 제게 만족하는 삶을 산다. 씨올은 스스로 살고 스스로 만족하는 삶을 통해서 다른 생명체들에게 많은 유익과 보람을 남긴다. 사람도 마땅히 그래야 한다. 사람이 씨올이 되어 씨올로 살도록 일깨우기 위해 씨올 사상이 생겨났다. 씨올이 되어 씨올로 사는 것이 쉽다면 쉽고, 어렵다면 어려운 거다. 씨올의 길은 생명을 가진 사람이 사람답게 사는 길이다. 사람이라면 누구나 갈 수 있고 마땅히 가야 할 길이다. 그러므로 쉽다면 쉬운 길이다. 누구나 갈 수 있고 가야 할 길이며 실제로 가는 길이기 때문이다. 씨올의 길은 우리의 아버지와 어머니들이 이제까지 걸어왔고 지금도 걷고 있고 앞으로도 걸어갈 길이다.

　　그러나 씨올의 길은 어렵다면 한없이 어려운 길이다. 욕심을 부리고 경쟁심과 허영심에 빠진 사람에게는 낙타가 바늘구멍으로 들어가는 것처럼 어려운 길이다. 조금만 욕심을 비우고 조금만 경쟁심과 허영심을 내려놓으면 씨올의 길이 우주 만물과 자연 생명이 함께 가는 큰 길임이 보일 것이고 인생과 역사를 구원하는 길임을 알 것이다. 나도 유익하고 남도 유익한 길을 함께 찾는다면, 지금 우리 사회가 안고 있는 문제들 가운데 절반 이상은 저절로 풀릴 것이다.

노사 관계를 보면 그렇다. 기업체 사장과 임원이 씨올사상을 맛보고 공감할 수 있다면, 그리고 노동자들이 씨올사상을 이해하고 익힐 수 있다면 노사 갈등이 획기적으로 줄 것이다. 노동자가 씨올사상과 정신을 사무치게 이해하고, 기업체 사장이 씨올정신을 가지고 더불어 살자는 생각을 하면 노사관계가 근본적으로 달라질 수 있다. 우리 사회의 바닥에서 시작해서 각계 각층에 씨올정신이 들어가는 만큼 이 사회가 밝아지고 보람 있지 않을까.

이렇게 되면 지금까지 사회의 갈등과 대립을 풀기 위해 쏟고 있는 에너지들을 창조적이고 가치 있는 일에 쓸 수 있다. 지금 우리는 비생산적이고 소모적인 일에 너무 신경 쓰고 고민하고 힘을 쏟는다. 그리고 불필요하게 서로 싸우고 괴로워한다. 만일 씨올사상을 공유하고 공감할 수 있으면 자기 자신을 계발하고 심화하고 고양하는 데 힘을 쏟을 수 있다. 그러면 상생과 공존의 세계로 들어갈 수 있고, 우리 정신은 더 깊어지고 높아질 수 있다. 인류의 문명이 새로운 단계로 나아갈 수 있다. 사람이 몸을 입고 사는 동안에는 갈등과 대립이 아주 없는 세상은 어쩌면 영원히 오지 않을지 모른다. 그러나 전쟁과 폭력, 계급 투쟁과 갈등이 현저히 줄어든 세상은 올 수 있다.

갈등과 대립 없는 세상에서는 할 일이 없어 심심해서 어떻게 하느냐고 고민할지 모르지만 고민할 필요가 없다. 선생님처럼 살면 심심하고 재미없어서 어떻게 사냐고 걱정하는 사람에게 유영모는 몰라서 그런 걱정을 하는 거라고 했다. 날마다 내 감성과 지성과 영성을 불태워서 그걸 타고 하늘을 날아다니는데 이보다 기쁘고 신나고 행복한 일이 없다는 거다. 자기 자신을 불태워서 제정신을 깊고 넓고 높게 하면 자기 자신도 행복하고 보람이 있다. 자기 자신을 불태워 빈탕한데의 하늘로 들어가는 것이 영원한 삶에 들어가는 거고 죽어도 죽지 않는 삶으로 들어가는 거다. 그뿐 아니라 세상을 아름답게 하고 인간을 품위 있게 하는 거다.

고등종교들과 철학은 불멸하는 영원한 생명이 내 속에 있다는 것을 깨닫고 가르쳤다. 사람 속에 신적 생명과 영원한 가치가 있고, 참된 정신과 영혼이 있고, 이것이 영원불멸하는 생명이라는 것이다. 소크라테스는 생각하는 이성이 영원한 생명이라고 생각했고, 공자는 인仁, 예레미야는 마음을 새롭게 하고 마음의 법을 세우는 것이 하나님께 이르는 길이라고 생각했다.

사람의 마음속에서 발견한 영원한 생명과 가치는 독점하거나 사유私有할 수 있는 것이 아니다. 내 속의 속에 있으면서도 나를 초월하는 것이고, 내 속의 속에서 나를 나답게 만드는 것이면서 나를 뛰어넘어 나와 남을 하나 되게 만드는 것이다. 내 속에 있는 참 생명,

영원한 생명을 발견한 것이다. 내 속에 있는 참 생명은 참으로 개성적이고 주체적이면서 참으로 보편적이고 전체적이다. 기축시대 영성의 윤리적 귀결은 황금률이다. 내가 싫은 것을 남에게 하지 마라. 내가 받고 싶은 것을 남에게 해줘라! 황금률의 가르침은 모든 고등종교들과 철학에서 거의 똑같이 나온다. 인류 성현들이 말한 가르침의 핵심을 파고들어 가면 그것이다. 내가 싫은 것은 남에게 하지 말고 내가 원하는 것을 남에게 해줘라. 한 마디로 공감과 배려의 윤리다. 씨울사상의 핵심도 바로 이것이다. 나도 살고 남도 유익하게 살리자는 것이다. 나는 나답게 되고 너는 너답게 되는 길로 가자는 것이다.

기원전 5백 년 전후의 성현들이 위대한 가르침을 펼쳤지만 기축시대의 가르침은 시대의 제약을 안고 있다. 그때는 국가주의와 신분질서와 비과학적 미신이 지배한 시대다. 산업과 교통과 통신이 발달하지 않았기 때문에 국가와 지역의 울타리 안에 갇혀 살았다. 신분질서와 불평등한 인간관계가 지배하는 사회에서 살았기 때문에 자유롭고 평등하게 생각하고 말하고 행동할 수 없었다. 미신적이고 신화적인 종교와 사상이 지배했기 때문에 합리적으로 생각하고 말하고 행동하지 못했다. 국가와 민족의 테두리 안에서, 아주 좁은 지역에서, 불평등한 신분질서와 미신적인 신화와 우상숭배가 지배하는 사회에서 살았기 때문에 활달하게 성현들의 가르침을 실천하며 살 수 없었다. 그러니까 성현들을 믿고 따르는 종교로 머물렀다. 오늘의 고등종교들이 다 믿고 따르는 종교다.

그러나 지금은 민주화, 산업화, 과학화, 세계화가 되었다. 그래서 각자 성현들처럼 깨달아서 살 수 있게 되었고 그렇게 살아야 하는 시대에 이르렀다. 각자 씨올이 되어서 스스로 깨달아 자신의 삶을 살아야 한다. 그래야 참된 민주 시대가 오고 민이 산업화와 세계화의 주인이 된다. 스스로 깨달아 스스로 살자는 것, 이것이 씨올사상의 핵심이다.

그냥 누구를 믿고 따라서는 제 삶을 제대로 살 수 없다. 내가 스스로 깨달아 내 삶을 내가 살아야 한다. 나의 삶이 나에게 유익할 뿐 아니라 남에게도 유익해야 한다. 기축시대의 가르침도 씨올사상의 가르침도 한 마디로 하면 내가 나답게 되는 거다. 내 삶을 내가 나답게 사는 거다. 흔히 내가 나답게 내 멋대로 살면 남에게 해를 끼친다고 생각하기 쉽다. 그러나 남을 해치면서 내 멋대로 사는 삶은 결국 자신도 해친다. 정말 나답게 내 멋대로 멋지게 산다면 그렇게 살면 살수록 내가 자유롭고 고양되기 마련이다. 그런 삶은 나만이 아니라 다른 사람도 자유롭고 성숙한 삶으로 이끈다. 내가 나답게 사는 삶이 너를 너답게 사는 삶에로 이끌어 준다. 나는 나다워지고 너는 너다워지고. 내가 나답게 신나고 기쁘게 나를 실현하면서 살면, 나만 행복하고 보람 있는 게 아니라 다른 사람도 기쁘고 보람 있게 된다. 씨올의 삶은 나의 행복이 너의 행복이 되는 삶이다. 내가 나를 주체로 대접하는 것이 남을 주체로 대접하는 거다. 씨올의 삶은 서로 살리는 주체의 세계로 들어가는 거다.

주체가 되고 주체로 받들어야

씨올정신과 씨올사상은 기축시대 영성과 마찬가지로 남을 주체로 깨워 일으키는 거다. 안창호, 이승훈 선생은 스스로 깨달아 일어났다. 그다음에는 모든 사람을 주체로 받들어 섬겼다. 주체로 섬긴다는 것은 어려운 거다. 내가 주체로 되는 것도 어렵지만 남을 주체로 인식하고 주체로 받들고 섬기는 것은 더 어려운 거다. 내 욕심과 편견 때문에 남을 주체로 있는 그대로 보고 존중하기 어렵다. 인식하고 생각하는 주체인 이성은 남을 인식과 생각의 대상으로만 여길 뿐, 주체로 보기 어렵다. 내가 나 자신에게서 해방되지 않으면 남을 있는 그대로 주체로 보지 못한다. 나 자신이 자유로운 주체가 되어 남을 주체로 섬기는 거다.

주체가 되어 남을 주체로 섬기려면 마음이 자유로워야 한다. 마음이 자유로우려면 마음을 깊이 파서 비워야 한다. 씨올사상은 마음의 속을 깊이 파서 마음이 줄곧 뚫려 있게 하는 사상이다. 마음이 비고 줄곧 뚫려 있으면 마음 깊은 곳에서 신적 생명과 영원한 가치가 샘물처럼 솟아난다. 마음속에 깃든 내 생명은 우주보다 깊다. 생각하는 나의 이성은 우주보다 넓다. 내 영과 혼은 우주보다 높다. 우주보다 깊고 넓고 높은 것이 내 속에 있다. 내 속을 탐구하고 들어가면 들어갈수록 기쁘고 즐겁다.

나를 탐구하고 내 속으로 깊이 들어갈수록 한없는 보물이 나온다. 참으로 값진 보물은 내 속에 있고 네 속에 있다. 내 속의 속에서 기쁘고 즐겁고 새로운 신령이 솟아오르고 새로운 거룩한 생명과 가치가 죽죽 솟아 나오는데 얼마나 좋은가. 내 속에서만이 아니라 다른 사람의 속에서도 그게 나오는 것을 보면 얼마나 좋은가. 내 속에 있는 신령한 생명과 영원한 가치를 다른 사람에게서도 보는 기쁨을 누리는 것이 인생의 보람이고 목적이다. 생명과 정신의 보물이 내 속에 있고 네 속에 있다. 나도 씨올이고 너도 씨올이다. 씨올은 생명과 정신의 보물을 품은 존재다.

민족국가를 넘어서서 세계가 하나로 되면서, 세상이 자꾸자꾸 변해 가고 있다. 빠르게 변하는 세상에서 우리가 먼저 힘쓸 것은 주어진 자리에서 충실하게 뿌리를 내리고 사는 것이다. 내가 나 자신의 삶에 충실하면서 서로 연대해서 공동체적으로 뿌리를 내려야 한다. 씨올들이 함께 손잡고 뿌리를 든든히 내리면 내릴수록, 공동체적 삶이 확장되면 될수록 세상이 맑아지고 바르게 되고 우리 마음이 편안하고 깊어질 거다. 가정 파괴, 학교 폭력, 사회 범죄도 줄고, 스트레스 받아서 정신질환에 걸리는 사람도 줄어들 거다. 온갖 정신적이고 육체적인 질병들이 지금보다 50퍼센트 이상 줄지 않겠는가. 내 생명과 정신이 불편하니까 정신분열이 일어나고 자살하고 남을 죽이고 가정을 깨는 일들이 일어난다.

한미자유무역협정FTA을 둘러싼 얘기들이 많다. 결국 자본이나 기업이 국경을 자유로이 넘나드는 세계로 나아갈 것이다. 노동자들도 국경을 넘어서서 자유롭게 오가는 세상이 되어 가는 거다. 세월이 가면 갈수록 노동자들이 자유롭게 움직이고 자본도 자유롭게 움직이게 될 거다. 지금은 자본의 자유화와 세계화가 앞서 가고 있다. 노동자들의 자유화와 세계화는 자본의 자유화와 세계화보다 한참 뒤떨어져 있다. 자본은 자유롭게 국경을 넘나들어 투기자본이 어디든지 들어간다. 그러나 노동자들은 그렇게 못 간다. 국가와 국가 사이에, 대기업과 노동자 사이에 불균형과 불평등이 심하다.

씨올사상은 내 속에서 먼저 하나 됨을 이루고 나와 너와 그 사이에서 하나 되는 삶을 이루어 가자는 거다. 내 속에서 내가 통일되어야 나와 너도 통일되고 세계도 통일된다. 서로 연대해서 뿌리를 든든히 내린 공동체적 삶이 이루어져야 세계화도 민주화도 된다. 바닥 사람들이 세계적이고 보편적인 연대를 만들어 가야 한다. 지역사회에서 풀뿌리 공동체를 이루고, 이를 바탕으로 연대의 망을 민족적으로 또는 세계적으로 펼쳐 가야 한다. 풀뿌리 공동체가 뿌리를 내리고 세계적으로 확장되지 못한 상태에서 자본의 자유화와 세계화만 이루어진다면 인류 문명은 대단히 위태롭게 될 것이다. 자본과 권력과 정보를 독점한 사람들이 세계를 지배하면 민중이 돈과 기계와 지식의 종노릇하는 세상이 된다.

사람이 돈을 쓰고 사람이 기계와 기술의 주인 노릇을 하고 사람이 정보와 지식을 활용해야 한다. 물질보다 정신이 더 존중되고 돈보다 사람이 더 소중한 세상이 와야 한다. 그런 세상이 오려면 씨올들이 생활자치공동체를 여러 측면에서 여러 방식으로 형성하고 확산시켜야 한다. 아주 낮은 수준의 연대를 하는 공동체에서부터 높은 수준의 공동생활을 하는 공동체까지 다양한 공동체를 펼쳐야 한다. 이런 다양한 공동체를 통해 씨올의 연대망을 널리 펼쳐야 한다. 씨올의 세계화가 자본의 세계화를 이끌어 가야 씨올세상이 온다.

씨올사상이 꿈꾸는 세상에는 교리, 성직자, 예배당이 없다. 씨올사상을 공부하고 실천해서 누가 특별한 이익을 얻는 것도 아니다. 누구나 사람이라면 당연히 그렇게 살아야 하는 길을 밝히고 그 길로 가자는 것이 씨올사상이다. 유영모, 함석헌 두 스승이 씨올사상을 정립했고 내가 책을 썼지만, 씨올사상은 완결된 사상이 아니다. 씨올사상은 씨올들의 삶과 생각과 실천을 통해 다듬어지고 완성되는 열린 사상이다.

씨올사상은 사람이라면 누구나 마땅히 살아야 할 삶에 대한 지침이고 안내며 격려다. 내가 나답게 되고 네가 너답게 되는 사상이다. 저마다 저답게 되고, 서로 주체임을 발견하고 서로 주체로 받드는 삶의 길을 가르치고 훈련하는 사상이다. 씨올사상은 서로 주체로 존중하며 기쁘게 살자는 거다. 사람이 물질(돈과 권력)의 주체다. 사람이 물질의 주인 노릇을 하며 살고 세상의 주인으로서 용기를 가지고 더불어 살자는 거다.

그렇지만 스스로 주체가 되어 남을 주체로 섬기며 사는 일이 저절로 되는 것은 아니다. 사람이 사람답게 되고, 생명이 생명답게 되는 것은 결코 저절로 되지 않는다. 큰 절벽을 올라갈 때 처음 조금 올라갈 땐 쉽게 오를지 모른다. 그러나 에베레스트 산처럼 높은 데로 올라가면 올라갈수록 힘들다. 풀과 꽃과 나무는 저대로 자연스럽고, 벌레나 동물들은 먹이만 있으면 큰 어려움 없이 본성대로 살수 있다. 그러나 포유류를 넘어 사람이 되고, 산업 문명에 이르러 삶이 복잡해질수록 생명답게 사람답게 주체로 사는 일이 어려워진다.

인류 문명이 물질적으로 양적으로만 무한정 발전할 수는 없다. 물질세계는 상대 세계라 한계가 있고 끝이 있다. 어느 정도 발전하다가 어느 단계에 이르러서는 질적으로 내적으로 발전하는 길로 전환하게 된다. 인류 문명이 내적으로 성숙하고 질적으로 승화되면, 새로운 정신세계로 들어가게 된다. 생명과 정신의 내면으로 들어가면 갈수록 생명과 정신은 높이 올라간다. 사람이 사람 되는 것은 높은 산꼭대기에 오르는 것과 같다. 올라가면 올라갈수록 힘들지만 절망적인 것은 아니다. 올라갈수록 새 힘이 나고 새 세계가 열린다. 이전에 보지 못한 자유의 세계, 새 차원의 정신세계가 열린다.

생명과 정신의 높은 봉우리에 이르면 편안하고 자유로워진다. 거기서 내가 나답게 자유롭고 우리 모두 하나로 만나는 길이 열린다. 유영모, 함석헌 선생님처럼 생명과 정신의 높은 봉우리에 이르러 삶과 정신의 자유와 기쁨을 맛보면, 이것이 정말 구원이고 해방임을 알게 된다. 이것이 내 속에서 나를 구원하는 길이고 모두 하나로 되는 길이다. 생명은 스스로 기쁘고 즐겁고 보람 있는 것이다. 들에 핀 꽃을 보고, 먹이를 먹고 난 짐승을 보면 생명이 본래 기쁘고 즐거운 것임을 알 수 있다. 우리가 자꾸 생명과 정신의 속을 파고들어 올라가면 어느 순간 저마다 저답게 되면서 하나로 되는 길, 인류 전체가 함께 가는 길이 열린다. 그 길에 이르면 '내가 나다우면서 너와 내가 남이 아니'라는 생명의 진실에 대해 순식간에 인류 전체가 공감대를 이루게 될 거다. 씨올은 생명의 진실을 실현하고 완성하는 길을 걷는 사람이다. 우리가 가는 씨올의 길이 지금은 작은 길이지만 모든 사람이 함께 갈 큰 길이다.

나는 나답게 너는 너답게

2012. 12. 31. 초판 1쇄 인쇄
2013. 1. 7. 초판 1쇄 발행
지은이 박재순

펴낸이 정애주 **편집팀** 송승호 한미영 김기민 김준표 정한나
디자인팀 김진성 박세정 **제작팀** 윤태웅 유진실 임승철
마케팅팀 차길환 국효숙 박상신 오형탁 곽현우 송민영 **경영지원팀** 오민택 마명진 윤진숙

펴낸곳 주식회사 홍성사 **등록번호** 제1-499호 1977. 8. 1.
주소 (121-897) 서울시 마포구 합정동 369-43
전화 02) 333-5161 **팩스** 02) 333-5165
홈페이지 www.hsbooks.com **이메일** hsbooks@hsbooks.com
트위터 twitter.com/hongsungsa **페이스북** facebook.com/hongsungsa
양화진책방 02) 333-5163